我来负责
I Am Accountable

Accountable

给人生、工作和世界带来深远意义的十个选择

[美] 萨姆·西尔弗斯坦（Sam Silverstein） 著　陈蓟川 译

北京日报出版社

图书在版编目（CIP）数据

我来负责：给人生、工作和世界带来深远意义的十个选择 /（美）萨姆·西尔弗斯坦著；陈蓟川译 . -- 北京：北京日报出版社，2024.6

ISBN 978-7-5477-4628-8

Ⅰ . ①我… Ⅱ . ①萨… ②陈… Ⅲ . ①人际关系 Ⅳ . ① C912.11

中国国家版本馆 CIP 数据核字 (2023) 第 110907 号

北京版权保护中心外国图书合同登记号：01-2024-2170

Originally published in the U.S.A. under the title "I Am Accountable: ten Choices that Create Deeper Meaning in Your Life, Your Organization, and Your World"
Published by Sound Wisdom P.O. Box 310, Shippensburg, PA17257-0310
All rights reserved

我来负责

出版发行：北京日报出版社

地　　址：北京市东城区东单三条 8-16 号东方广场东配楼四层

邮　　编：100005

电　　话：发行部（010）65255876　总编室（010）65252135

印　　刷：环球东方（北京）印务有限公司

经　　销：各地新华书店

版　　次：2024 年 6 月第 1 版
　　　　　　2024 年 6 月第 1 次印刷

开　　本：880 毫米 ×1230 毫米　　1/32

印　　张：7.25

字　　数：150 千字

定　　价：48.00 元

谨以本书献给勒妮

多亏了你，我才能事业有成

谢谢你！

鸣　谢

　　我所取得的些许成就都是很多人一起努力工作的成果。我想要感谢我的友人、知交、玩乒乓的球友，及尚智慧（Sound Wisdom）的出版人大卫·威尔德森（David Wildasin），他颇具才华，并且不断给予我支持。我还要感谢尚智慧团队的全体成员。有了你们，才能有制作精美的书籍上市发行，是你们把我最好的一面展现出来。我的私人编辑卡拉·史密斯（Cara Wordsmith）不厌其烦地帮助我，将我的著作完善到最好。还要感谢莎伦·迈纳（Sharon Miner）。我在倾听他人方面有多大进步，你一定想象不到。这一路上，你的参与和你带来的影响都很美妙。

　　你将会看到，在一定程度上，责任就是承诺，是秉持"这取决于我们"的态度。我确信，正是有了"这取决于我们"的态度，才有了"我来负责"的信念。

目录

第二部分 工作中的责任感

第三部分　建造一个负责任的世界

第一部分

个人责任及其涟漪效应

第一章　我们只能给出我们所拥有的

人生的意义与我们自己的责任有直接关系。

沃尔玛前副主席、麦克莱恩公司首席执行官小德雷顿·麦克莱恩（Drayton McLane Jr.）曾经对我说："责任是英语中最难理解的词。我们不知道这个词怎么拼写，我们也不愿意了解责任是什么。责任中包含的任何一部分语义我们都不喜欢。我们喜欢谈论别人的责任，但是不喜欢谈论自己的责任。"

"责任"这个词令我们倍感挣扎，因为它似乎可以与"职责"一词互换，于是我们经常用错。你很快会发现**"责任"**与**"职责"**是两个完全不一样的词。不仅如此，你还会发现，责任带来的正能量是无穷的。另外值得一提的是，职责是对事，责任却是对人。一份报告不能帮你负起责任，但是人一定可以。

在我们的生活中建立责任制度，不外乎做出**选择**与**承诺**，促使自己用负责任的方式思考问题。通过练习，我们可以近乎本能地做出负责任的选择与承诺，可以树立并强化这种思维方式，可以在人际关系中建立长久的情谊，也可以重塑企业文化并且促使大环境得到改善。但是为了实现其中任何一个目标，我们都需要抓住以下五个核心概念。

1. 如果我们想要开启有意义的人生，必须从一开始就明确这一点：人生的质量取决于人际关系的质量。

   不论是谁，不论身份、年纪，这一点对于所有人都是适用的。人之为人，就离不开与他人之间关系的质量。

2. 我们与他人关系的质量建立在我们在这些关系之中的承诺，以及持守承诺的程度。

   承诺可以是有声的、直接的，也可以是无声的、隐含的。一位母亲抚养并保护襁褓中的孩子，绝不是因为有口头协议才履行承诺。承诺是**不论如何**都要履行的。

3. 在与他人关系中做出正确的承诺并且持守下来，这才是负责任的关系。

   什么是"正确的承诺"？本书中有相当长的篇幅在探讨这个问题。

4. 负责任的关系总是始于对自己的审视。

一切都取决于我们。麻烦从来不是别人造成的。麻烦来自我们看待他人的方式以及进而做出的选择。我们是否会选择做出影响人际关系的关键性承诺。这种承诺会反映在我们对价值的判断上，也会展现在行动中。

5. 涉及责任，我们所接受的一切观念，只要与前面四个核心概念冲突就是错误的。

很多领导者来向我求助，咨询如何"使别人负起责任"或者"让员工负责任"。这是企业机制不健全的具体反映。我们不能"使别人负起责任"。责任不是用威逼的手段，也不是去操纵他人。责任始终是我要信守对他人的承诺，责任完全是出于服务他人的目的。

责任是从人的内心产生的。负责任的领导者会营造环境，使他周围的人愿意负责任，是他们自己

我们的人生意义与自己是否负责任有直接关系。

选择了成为负责任的人。责任是从人际关系中流露出来的，不论是在生活中、企业里，还是世界范围内，关系牢靠，责任就稳固。没有优质人际关系的人、企业或者社区也不会有明确的责任。

责任不是做事方法，责任是**思维方式**。具体来说，这是一种涉及人、承诺和关系的思维方式。责任从自我审视开始。你如何看待生活中遇到的人？你如何看待公司里和你一起工作的人？你如何看待社区里和世界上的人？你会不会审视自己：**我是负责任的人吗？**

这五个核心概念本身就是强有力的。在本书中，你会看到它们从头到尾都在发挥功用。个人层面、企业层面，甚至全世界的责任制度都是以它们为根基建立的。

个人层面的责任为什么重要？

责任不外乎我们在三个方面做出的选择和承诺：生活中接触到的人、工作中接触到的人、社会上接触到的人。为了让自己成为负责任的人，我们必须依次参与到这三个方面中来。

现在我们先详细地看第一个方面，我称之为个人层面的责任。正如你已经知道的，责任不是一种做事方法，而是思维方式，具体来说就是关于人的思维方式，也是关于对别人做出承诺的思维方式。说到人，首先就是我们自己。**正因如此，个人层面的责任必然是指我们自己首先承担的方面。**

如果我们希望过上负责任的生活，如果我们希望在真实世界中全面实现责任制度，那么就需要对自己做出相应的承诺，这也是对他人做出承诺的必要前提。我们必须先认定自己是有价值的，值得对自己信守承诺。如果我们认定自己不具备潜力和开发潜力的可能性，如何去发现别人的潜力和可能性？我们只能给予他人我们所拥有的。

> 责任原则 1：
> 我们只能给予我们所拥有的。

真正的责任始于个人层面的责任。责任始于我们对自己的期待，然后立刻向外延展，并且与我们在人际关系中的信念和承诺联结在一起。

投下石头，激起涟漪

责任就好像一块落入平静水面的石头，激起向外荡漾的涟漪。石头是我们对自己的承诺。涟漪则是有声或者无声的承诺，这些承诺决定了我们与他人的关系。

我们唯有投下石头，全身心致力于成为最好的自己，才能启动负责任的生活，开启持续不断、每日更新的转化过程。开启这样生活的人往往崇信尚诺，对待自己身边的人，不管是家人、朋友、同事，还是其他需要打交道的人，都是如此。

我把个人层面的责任叫作涟漪的第一环，它是一系列明确的个人承诺。这些承诺界定了你自己是谁，也为你与其他人之间的关系定下了标准。

图画的中心点最为重要，那是我们**改变思维方式**的起点，也是我们改变看待自己的方式的起点。我们改变了看待自己的方式，才能改变看待他人的方式。

涟漪的第一环

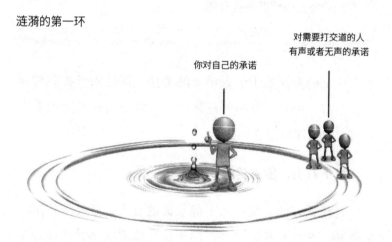

你对自己的承诺

对需要打交道的人
有声或者无声的承诺

责任原则 2：

我们如何对他人（包括自己）做出承诺，如何与他人互动，总是取决于我们如何看待他人。

投下石头意味着你自己的责任制度走入了正轨。这块石头激起的涟漪的第一环就是你与他人打交道时展现的责任意识，不论你是否明确地做出了任何承诺。这二者——石头和涟漪的第一环，总是相互关联的。它们不会独立存在，也不能独立存在。

个人层面的责任不会凭空出现。它总是始于我们对自己的承诺。因为人类是具有社会性的，社会性表现在我们需要同时对家人、朋友、同事和其他需要打交道的人做出承诺。人类具有社会性，这意味着只对自己负责任是不够的。真正负责任的生活，始于我们全身心致力于成为最好的自己，然后继续前进，在与他人的关系中重现自己推崇的承诺。如果没有个人层面的责任，也就不会有值得推荐给他人的责任。

责任原则 3：

如果个人层面没有责任，面对他人也不会有责任。

第二章　不一致造成的麻烦

一个人缺少个人层面的责任会是什么样子？你应该已经见过很多次了，就是言行不一的样子。

我们都与这种人打过交道，他们的态度和行为可以被精辟地概括为"按我说的做，别管我是怎么做的"。你有没有听过做父母的人说"按我说的做，别管我是怎么做的"，或许已经为人父母的你也说过？在亲子关系中，这句话是起不到任何教育作用的，在其他关系中也一样没用。你的领导中有没有这种人，平时不断地谈论忠诚的重要性，但是在出了问题的时候，似乎没有下属鼎力支持他们。这种人言行严重脱节，可以定义为没有责任。

人会本能地追随以身作则的人，也会被这样的人激励。同样的道理，我们远远地就能嗅到不负责任的人，学着识别出这样的伪装，然后远离。我们很快就能了解情况，认出谁是说得出但是做不到的人。如果人们说的和做的之间缺少一致性，我们很快就能发现这些脱节的迹象。

责任不外乎是去审视自己。

在真正的责任中，第一项任务就是注意你自己是不是这种言行不一的人。如果你发现自己正是这样的人，就要改变自己的生活方式和思维方式。责任不外乎是去审视自己。

很多人听我讲这个会感到意外。也许是因为我花了很多时间给团队和领导讲述工作中的责任——团队层面的责任。这方面的内容都在之后几章里。到时你会看到，责任取决于领导者的能力，尤其是体现在承担与人和团队有关的重大承诺的时候，以及想方设法激励团队成员的时候。

负责任的领导者不会只鼓励下属完成短期、事务性的工作，还会亲自做出同等重要的以人为中心的承诺，并且鼓励下属效仿自己。这两者都是十分重要的。你能猜到吗？应该过负责任的生活的可不只是领导者，责任的重要性也不只体现在工作中。

为了在我们的生活中建立责任制度，每个人必须首先对自己做出具体、有意义的承诺，然后在生活中与他人互动的时候实践这些承诺。

不论是做领导的，还是做下属的，或者还没有选择好将来要做什么的，我们都不能指望涟漪效应自动发生。我们务必成为把石头投进池塘里的人。我们必须先在自己的生活和人际关系中建立责任制度，才能期待他人反过来用责任制度与我们互动。如果我不对你负责任，也不能指望你对我负责任。

正因如此，仔细审视我们在生活中对自己的承诺是非常重要的。

投进池塘的石头

我来举个例子，说明一下什么样的行为是把石头投进平静的池塘里。我有个好朋友叫迈克，他不住在圣路易斯，所以我们也不经常见面。但是我认识他很多年了，我们时不时地会通电话。对我来说，他是个有能力、有恒心、积极活跃的人。

有一年，临近 12 月底的时候，迈克打电话给我："萨姆，请你务必回答我的问题。你下一年的关键词是什么？哪个词能概括你下一年要做的事？不论发生了何事，什么能让你像罗盘的指针一样无冬历夏地回转？"他与人打交道总是这样直接。

当时我选择了**感恩**这个词，把它当作我在下一年的每一天里的罗盘指针。于是迈克开始和我探讨感恩：探讨它的重要性，探讨它拥有的不凡力量，足以改变一个人的眼光和生活方式。又说到为什么感恩最适合作为我下一年重心的回归点。我们还探讨了他的选择，他下一年的关键词是**建立**。因为他在写日记时，总是会回顾昨天建立了什么，然后再展望今天要建立什么。

整个交谈过程中，迈克都在鼓励我，了解我的感受，启发我思考。他问的问题都恰到好处，还做出了与之相关的很多点评。我们的谈话持续了大约半个小时。随着时间推移，我明显察觉到，通过这次交谈，迈克对我们两人的学习和成长都做出了极大的努力。

放下电话之后，我不停地思考，迈克这个人在我的人生中有多么重要。他在打这个电话的时候，对自己是有所期待的，他期待中的这个东西也深深地影响了我，让我愿意接受他的引领。然后我突然想到这东西是什么了：是完全的专注，那时的他在全身心地**参与**。

　　我发现自己需要更多这样的交谈，我也希望能用同样的方式对待他，像他那样全身心地参与。

　　顺着迈克亲身示范的势头，我开始思考自己希望在将要开启的一年中有什么改变。我开始思考自己生命中缺少什么东西，有什么东西是迈克身上具备而我却没有的。

　　比如我一直希望自己养成清早祈祷和写日记的习惯，因为我知道每天的早晨练习是迈克的生活中必不可少的一部分（他称之为默想，我称之为祈祷。我们都知道对方是在说同一件事）。

　　我越想这件事，心里就越清楚地意识到，在清早这段安静的时间里进行自我点评和沉思是迈克对他自己的承诺，因为他对自己的成长和提高负责任。我也想模仿他的成功之法。

　　几天之后，我打电话告诉迈克，我要以他为榜样，把清晨的时间拿出来进行反思并写日记。我告诉他，我看见他在生活中承诺个人成长，我也想在自己的生活中做出同样的承诺。不如我们两个人一起做出承诺，从元旦假期起就有一个了不起的开始：我们能不能同样以一段独处和写日记的形式开始新的一天，然后每天交流一下，彼此具体是怎样度过清晨时光的。在之后的 21 天里，我们能不能每天电话打卡，然后一起探讨下面几点：在早晨的练习中，什么东西对我们有益处，什么东西对我们没有益处？我们有什么发现？我们学到了什么？默想和记录之后，我们决定在生活中做出什么改变？

迈克即刻就同意了。我们后来在这个过程中一起收获了很多不平凡的领悟。

迈克在过去的 10 年里一直是我的监督伙伴，现在我也是他的监督伙伴。我认为我们比一般的问责关系走得更远。在过去几年里，我有很多这样的伙伴。但是没有一个能与迈克相比。我们之间有一种特别的协同效果。不是简单的我"对迈克负责"或者迈克"对我负责"。我们相互鼓励，一起学习，一起成长、提高，把对自己的承诺坚持到底。我们把这种关系打造得如此坚固：我们都希望尽己所能成为更负责任的人。奇迹就是这样发生的！

责任原则 4：
真正的责任不是"要求他人负责"。你无法强令他人接受责任，只能通过自己负责任地生活，激发他人内心的责任感。

责任的意思一直都是把石头投进自己的池塘里，以此激发他人也做出同样的承诺。责任的涟漪从石头投进池塘的那一刻向外激荡，让了不起的事情成为可能。不但在工作中如此，在人生的其他方面也是如此。

我希望在你的身边也有像迈克这样的人。但更重要的是，我希望在工作关系以外，你选择成为像迈克这样的人。模仿迈克所做的事：做出一个强有力的承诺，在自己的生活中实践，然后激励他人同样如此。

请注意，迈克对个人成长和提高的充分负责就是他投进自己池塘中的石头。这个石头激起一系列涟漪。涟漪的第一环就是努力成为最好的自己。这个努力也激励了我，就成为涟漪的第二环。是他让我想要以同样的方式与他相处，是他促使我见贤思齐。

这就是以行动实现的责任制度。

涟漪的第二环

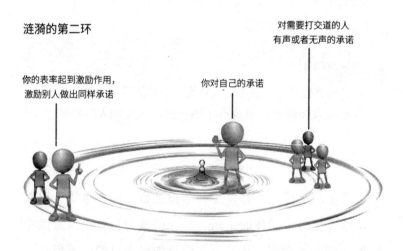

你的表率起到激励作用，激励别人做出同样承诺

你对自己的承诺

对需要打交道的人有声或者无声的承诺

为一个人负责，为他人的事负责

如果我们的目标是保持一致性——言行一致，随时问这两个重要的问题能帮助我们看清自己：第一，我们在为什么人负责；第二，我们在为谁的事负责。

这两个问题是什么意思？它们是怎么出现在我的生活中的？让我来解释一下。有一次我的工作面临严重的困境，我不知道该怎么处理。我的妻子勒妮问了我一个简单的问题："萨姆，你在为什么人负责任？"这个问题让我停下手中的事情开始思考。

在接下来的对话中我意识到，对什么人负责是最重要的信息，也是必须弄清楚的。我找到了这个问题的答案之后，很轻松地就找到了解决麻烦的方法。之后，我发现自己看问题更加深入了。

我不止一次在讲座中问听众这两个问题，先把简单的问题提出来："你在为谁的事负责？"他们通常会回答说是"经理""家人""同事""下属""狗"。

稍作沉默之后，我会提出比较难的问题："你在为谁负责？"通常会安静很久，才有人回应我。我可以断定，这个问题会使他们的思考提升到全新的层面——一个更加深入、意义更深远的层面。对于这个问题，通常的回答是"父

17

母""孩子""直接领导""宠物"。

我相信这两个问题的最佳答案可以从几个定理中推导出来：

如果你是为他人的事负责，你的某些利益一定处于这个人的职权之下，这个人对你的生活有深层次的影响。

如果你为一个人负责，对方的某些利益一定处于你的职权之下，你对他们的生活会有深层次的影响。

如果你为某人的事情负责，不见得会为他负责。但是如果你为某人负责，往往也为他的事情负责。

为人负责是更高层次的职责。

乍听之下，这可能令人困惑。请思考以下问题：在成长的过程里，有些事情我要对父母负责，他们希望我打扫房间并且完成作业。我做他们期望我做的事是因为我要对他们负责。除此之外，我不会考虑更多。

我母亲现在 91 岁了。我需要为她整

为人负责是更高层次的职责。

个人负责。这是更深层次的职责。我要为她的安全和福祉负责任。我妻子勒妮会为她的账单付支票，她的财物则由我管理。为我母亲负责意义重大，也是我们夫妇要长期履行的承诺。这个层面的责任不同于在待办事项上打钩。对于需要日复一日持久坚持做的事情，我们选择的做事方法也不同。

为他人的事情负责只是履行重要职责，但是层次不会像为他人负责那么高。为他人负责的意思是重视长久的情谊，这体现在你既要担任财物的管理者，又要捍卫对方的各种利益。

责任原则 5：

如果你是为他人的事负责，你的某些利益一定处于这个人的职权之下，这个人对你的生活有深层次的影响。如果你为一个人负责，对方的某些利益一定处于你的职权之下，你对他们的生活会有深层次的影响。你既要担任财物的管理者，又要捍卫对方的各种利益，才能体现出重视长久的情谊。

比如，如果我做了糟糕的投资决策，让自己损失了一笔钱不算什么大事。但我不能让这样的事情发生在我母亲的身上！

　　理解为他人的事负责和为他人负责的区别至关重要，这样你才能在生活中建立责任制度，并为人生带来更深远的意义，在工作中和人生的其他方面也是一样的。我们就是这样建立一致性的。只要厘清我们承担的是什么层次的职责，就为搭建更深厚、有意义的关系做好了准备。与谁的关系应该更进一层是由我们决定的，只要我们做出十个具体的承诺，就能进一步增进这个关系。

　　我们会在下一章中学习这十个承诺。

第三章　决断之际以及十个承诺

责任的含义是首先对自己负责任——这就需要做出特别的承诺。我所说的这个承诺若要行得通，离不开正确的观念和个人的参与。我会把它称为决断之际，你可以先思考一下这个词是什么意思。

我们一天到晚都在做选择。有人在我们的车前强行并线，或者有人对我们说刻薄的话，这时我们会做出什么选择？有人插队呢？如果我们看见有人把一口袋刚买来的东西掉在了地上，我们会怎么做？如果我们收到朋友或心爱的人的短信，说他们需要情感上的帮助呢？不论我们当时是否意识到，我们做出的选择都决定了我们是什么样的人。

在面临各种境遇的时候，我们是带着使命感做出回应，还是开启了无人驾驶模式？我们真的参与进来了吗？我们真的明白自己在做什么吗？我们做出这样的选择是有意为之吗？这样做是为了履行对自己的某种承诺，为了成为自己想成为的人吗？

无人驾驶很容易。在行进的路上时刻保持清醒，还要亲自参与，有的时候很难做到。

要是不觉得为难，就不是决断之际了。

遵从对自己的承诺做出相应选择很难，从固有习惯的力量中走出来也很难。不过觉得为难倒是一件好事，也是必要的。要是不觉得为难，就不是决断之际了。

没有人能保证自己在每个决断之际都能做出恰当的决定。这需要在一生的时间里不断练习。虽然听起来可能令人生畏，但是我希望你能体会到，我们谈论的长期练习往往包含你此刻正在经历的当下。当初迈克和我讨论选择下一年的关键词的时候，我就是把当下包括在内了。

对于个人层面的责任，最好的练习就是随时都刻意对自己和别人做出这十个具体的承诺。

承诺 1:	承诺探索和发掘自己的潜力，也如此帮助别人
承诺 2:	承诺真实
承诺 3:	承诺最有价值的事
承诺 4:	承诺"这取决于我们"
承诺 5:	承诺如同对待机遇和成功一样对待错误与失败
承诺 6:	承诺遵循健全的财务原则
承诺 7:	承诺创建安全环境
承诺 8:	承诺"言出必行"
承诺 9:	承诺在最黑暗的时刻依然坚强站立
承诺 10:	承诺好名声

这十个承诺是相互关联的。我相信有了这些原则的帮助，大多数关键性的决断之际一旦出现，我们就可以辨认出来，然后高效地做出决定。它帮助我们停下脚步思考，全身心投入当下，做最好的自己最真实的选择。唯独在决断之际，我们才会下定决心做出那些界定了我们是谁的承

诺；也唯独在那一刻，我们才会运用自由意志在生活中履行这些承诺。当然想要实现这些目标，我们先要知道这些承诺是什么。

在接下来的几章里，我会逐一阐述这十个承诺。这些承诺是真正在生活中负责任的人们为自己确立的，也是他们在人际关系中决心谨守的，更是他们面临决断之际一次次反复确认的。

在建立负责任的人生和负责任的世界的过程中，对自己做出这十个承诺是第一步，也是关键一步。如果没有这一步，后面就什么也不会发生。

行动往往源于信念。如果阅读后续的章节让你更加坚信承诺的重要性，不如开始将信念化为行动，你一定会从中受益。因为只有行动才能获益，道理就是这么简单。如果你不相信，就一定不会采取行动。

> **责任原则 6：**
> 如果你不相信，就一定不会采取行动。

第四章　承诺探索和发掘自己的潜力，
也如此帮助别人

如你所见，责任的十个承诺相互交织、彼此支撑。跳过或者弱化其中任何一个承诺，你都无法期待过上负责任的生活。你必须完整地实施这个清单。排在清单第一的承诺其实不比排在第十的更重要，你不需要在其中任何一个上面额外花费注意力。责任的十个承诺有同等的重要性。

> **责任原则 7：**
> 责任的十个承诺相互交织、彼此支撑。负责任的人不会跳过或者弱化其中任何一个。

我把个人成长的承诺排在了清单的第一位，原因很简单，因为你已经在努力执行这个承诺了。在读这本书的同时，你已经投入时间、精力和其他资源，履行学习和成长的承诺了。这样看来，我们从这里开始讲述就是自然而然的事情了。然而，只是读一本书并不算是履行了这个承诺。打开一本书的动作本身并没有什么价值，毕竟这只是个开端。

生活会将各种局面呈现在你面前。仅就个人层面的责任而言，做出这个承诺意味着接受从任何局面中学习的责任。这个承诺意味着，不论是为了提高学习能力，扩大成长空间，还是为了做出更多贡献，你都不要放过当下带来的东西。这个承诺也意味着永远不要找借口，不要表现得好像你已经把一切搞清楚了似的。这个承诺还意味着在实际行动中印证鲍勃·迪伦（Bob Dylan）极富智慧的名言："一个人不是在忙着求生，就是在忙着等死。"那些忙着求生的人才是负责任的人。

我前面提到迈克打来了改变我命运的电话，这个承诺在那次通话中便已经呼之欲出了。他全然投身在那个时刻——这需要专注力。同时，他尽全力成为我最好的朋友，尽他所能地支持和帮助我。这需要他先做出承诺，认清自己在这个角色中的真正潜力。所以这整件事就是迈克投下石头形成的涟漪。他问我下一年的关键词是什么，引领我探寻自己的潜能，这种对我们的关系产生积极影响的方式就是涟漪的第一环。

缩小差距

每个人都有成长和改进的潜力，这是与生俱来的。履行承诺的意思是，每个人只有发掘自身潜力并尝试成为最好的自己，才能知道与自身真正潜力之间存在的差距。而前进路上的抉择之际总会让我们明白一些东西，这些东西往往就是缩小差距最好的办法。听了就去行动的人就是履行这个承诺的人。

有的人不想知道提高哪些方面才能释放自己最大的潜力，也没有兴趣看见自己最好的样子。很多时候，人们就不知道自己还可以做得更好。他们甚至意识不到自己有未开发的潜力。

真正负责任的人给自己定的标准更高。如果我们不尽力做最好的自己，怎么期待别人做到最好？

其实，我与迈克的谈话从未终止。个人发展并不是在待办事项上打钩。只要我们还在世上，还要呼吸，这个话题就不会结束。

> 责任原则 8:
> 只有你尽力做最好的自己，才有可能激发他人潜力，也才能期待他人做到最好。

一个真正负责任的人总是奋力成为一个更优秀的配偶、伙伴、同事或盟友。与你打交道的是不是这样的人，你自己是不是这样的人，单从这一点就能简单、高效地辨别出来。

请注意，责任的第一个承诺不是为我们自己而做的，其余九个也不是。因为我们的目标本身不是为了成为一个更优秀的配偶、伙伴、同事或盟友，也因为这些很快就会过去。我们希望变得更优秀，是因为我们选择成为最大限度贡献社会的人。学习和成长是对自己的基本承诺，我们会想方设法履行这个承诺，给人际关系带来积极的影响。

这里需要考虑到潜在的"舒适区"的问题。追求个人成长的努力就是要克服自满，克服熟悉的行为模式，克服内心最大的恐惧。努力做最好的自己就是要接受那些我们感到可怕的和不了解的，接受那些我们心里说太难了和不可能承担的。承诺发掘自身潜力并做最好的自己，就是要认识到我们有尚未察觉的潜力，我们可能找借口让自己沉湎于只做熟悉的事，这时候，发现尚未开发的潜力会让我们打消这些借口。

讲个我自己的故事。我最近不得不承认，之前给自己和公司设立目标的时候，我就知道，我不需要改变行为模式就会实现这些目标。一直以来，我给自己设立的目标都没难度。实现那些目标不会给我的商业关系带来更深刻或更有意义的贡献。

不了解我情况的人会觉得我写下的"目标"听着不错——这些目标太低了，我十分确定自己可以做到。虽然不情愿，我还是要向自己承认，对迈克承认，这些目标不会令我成长，不会激励我做不一样的事情，不会给任何人带来额外的价值，不会让我更高效地服务认识的人，也不会让我变得更优秀。与迈克探讨这些会令我感到为难，这就是决断之际了，重大的突破也是在这个时候发生的。

自从我对自己和迈克承认后，我就可以不受拘束地重新评估一切。我意识到，必须把从前的"目标"撕掉，重新写一些更具有挑战性的目标。我一直自我欺骗，在心里告诉自己，我需要适度的"目标"，因为生活中的压力已经够大了。但这只是个借口。我发现，只要是关乎前进路上最重要的事情，不论对自己还是别人都不可以再找借口。

这不容易，但是十分必要。身为一个负责任的人，我必须承认，引领他人似乎总是比发掘你自己的潜力更容易。为什么呢？因为人习惯性地给自己设置限制，这些限制原本不存在，他人通常也不会设置这样的限制。其实让我挑战自己也不容易，但这绝不能阻碍了我的成长和提高。

虽然有的时候我很难发现自己的潜力，但是最大限度地努力开发自己的潜力绝对是必要的。有时可能需要与某个领域的教练或者导师互动，才能触及自己潜力的极限。

如果有必要，就应该这样做。个人发展是一个关键性的承诺，我每时每刻、日复一日都在履行这个承诺。我必须不断问自己：

- 面对这个局面，我未开发的潜力是什么？

- 身边可以帮我发现潜力的人是谁？

- 我如何才能充分利用这个潜力？

此刻就存在学习和成长的潜力，你不要忽视它。如果你自认为有这个权利，如果你急于表达各种理由，支持自己留在熟悉的领域，那么你就是借口的受害者！

借口是个谎言，你说给自己听，然后再试图讲给别人。借口挡在个人成长和发展的路中间。一旦你开始努力发掘最好的自己，想要努力成为这样的人，你就必须彻底把借口放在一边，不要再说："这件事我闭着眼睛做都行，没有什么要学的。此刻我不需要全身心参与。"

> **责任原则 9：**
> 借口是挡在个人成长和发展之路上的谎言，你先向自己兜售谎言，然后再推销给别人。

决断之际

你准备好做出承诺**发掘你的最大潜力，然后成为最好的自己**了吗？要明白，做出这个承诺与"贯彻到底"的行动不一样。你要承担的责任与待办事项无关。这个承诺关乎思维方式和信念。你会从这一刻开始把它当作未来人生的罗盘指针吗？你会不加迟疑地这样做，也不再找借口吗？你做出这个承诺的时候，就已经同意把它选定为人生的方向了。不论发生什么事情，不论你做了什么事情，或者没做什么事情，都要先回到这个方向上。

> 责任原则 10：
>
> 你之所以会做出承诺，是因为这是你的信念，因为你是这样的人，也因为不论如何你都会如此行事。

第五章　承诺真实

很多人错误地以为承诺真实是很简单的，以为就是保证对他人讲真话。但是你必须先对自己诚实。如果你对自己都不诚实，也不可能诚实地对待他人。

还是同样的道理，我们只能给出我们所拥有的。如果你的目标是诚实地对待他人，当然很好，但是如果你期待在生活中兑现这个承诺，必须努力不再找借口为自己开脱，也不将你的局面和处境合理化。

一个持续的过程

这里的讲真话与时下人们自以为的实话实说的观念是相悖的，不是做一次以后就不用再做的事情——就好像你可以针对某个具体的话题给出明确严谨的结论那样。讲真话是一个持续的过程，你要努力使讲真话这件事成为生活中的常态——这是一种思维方式，先认定自己不能回答这个世界的所有问题，也不能回答自己人生的所有问题。与责任原则中的其他承诺一样，这种思维方式决定了你成为什么样的人。这不是在简单地问你是否讲真话，而是在问，包括此刻在内的每一天，你是否活得真实。

如果你对自己都不诚实，也不可能诚实地对待他人。

这个问题很庞杂，而且不容易回答。让我举几个例子说明，我自己在生活中是如何解决这种问题的。

多年以来，我做事一直有个理念，如果在我的工作中或者事业上有重要的、好的事情发生，在背后起推动作用的人一定都是我。

很多刚起步的创业者都有这种想法，它直接来源于"控制点理论"的心理学概念。根据这个理论，那些适应性强、生活变得越来越好的人往往认为自己做出的决定和采取的行动会改善他们的环境和人生。

与之相反，那些自我形象有问题、生活如一团乱麻的人，往往更多地把外部事件和他人视为对自己生活品质造成最大影响的原因。他们把自己视为失控的，视自己为不可抗力的受害者。

正如很多创业者一样，我完全认同"控制点理论"，也运用这个理论。实际上，我的认同，已经到了有些病态的层次。交易成功了，我相信是自己谈成的——全凭我一己之力；课程进行得顺利，我会反复提醒自己，是我讲得好；公司业务发展过程中客户或顾客给了好评——不论什么都是我的功劳。简而言之，我一直认为成功的原因正是自己。

这显然不是真的。

但愿是因为智慧随着年纪增长也多了一点，我越来越清楚地看到，所有名副其实的成功都是群策群力的结果。真正的成功会影响他人，会在实现成功的过程中邀请他人参与进来，其实成功也离不开他人的参与。成功的交易通常需要好的销售流程，这没错。但是首先需要一个有远见的人。他得愿意与新兴的商业伙伴接触，还需要与后者进行有效的对话。只有从来没有从事过销售的人才会认为，成功的交易是销售人员独立完成的。与之类似，好的课程需要优秀的讲师，这也没错，但是也需要有好的听众。如果你不信，可以试一试对着一大群喝多了酒的人演讲！同样道理，客户或顾客给你公司的好评，从来不是因为一个人，而是指向整个公司的！

关键在于：我坚持说自己最重要，甚至自己是公司成功的唯一原因，很多时候是为了自我感觉良好而说的谎言。我没有生活在真实中。

活得真实很重要，原因在于：我们对自己讲的谎言会随着时间而扩大，然后会导致我们越来越难对自己和他人说真话，我们也越来越难以看清整个问题的真相。

所以还是以我举例子，比如我这样对自己说："我是靠努力工作才走到今天的位置，也是靠努力工作改善了我所处的环境。所以只要别人愿意，他们也可以通过努力工作改善所处的环境。"这也是谎言。为什么呢？因为这个说法无视了一个事实，那就是有很多人在背后支援我。他们努力工作、无私奉献，给我创造机会，一路上指导我前行，比如祖父母、父母、商业同盟、客户……

真正的成功会影响他人，会在这个过程中邀请他人参与进来，其实成功也离不开他人的参与。

你可以继续列举下去。

我的决定和行动的确决定了生活品质，但是也不尽然，如果不主动建立并维护能带来良好效果的关系，我也不能凭空变出这样的效果来。我做出了很多人没有做出的选择和取舍。真相是如果没有他人的协助，谁也不能做到功成名就。假装可以独自成功对任何人都没有帮助，包括个人和公司。这就是个谎言。

就这样在很多年的时间里，我假装成功全靠自己。我一直在自我恭维，在蒙骗自己，在对自己说谎。但是忽略了一个重要的事实：一切成功都来自合作。结果既损害了我与他人的关系，也损害了我贡献社会的潜力。由于缺少感恩之心，我一直不能与身边的人建立更紧密的关系。

我们对自己说的谎言影响很大！我们在自己心里讲什么是很重要的！我们一旦发现在对自己说谎，就需要承认真相，要从事实出发。身为负责任的人，我们每时每刻都要活得真实。如果我们在自己的生活中都做不到真实，如何期待他人能做到？

借口

制造借口是我们对自己说谎的另一个方式。有些事情我们应该坚持到底，但是没有做到。为了感觉好一点，我们可能会将糟糕的决定合理化。比如，我要是说"今天太忙了，没有去跑步不是我的错"会怎样？这么一说，原因就不在我身上了！

是我做出的一系列选择导致我没去跑步，不是这个日子替我做出的选择！我找借口了。如果我对自己诚实，就会发现这一点，同时不再给自己找借口。

以偏概全

对自己诚实就是禁得起"以偏概全"的诱惑。不能只看我们喜欢的事实，虽然这样得出的结论既令自己舒服，又符合心里已经做出的决定，但是这不是真的。比如说，他人在一次聚会中介绍你认识了某个人，然后你了解到他是哈佛大学毕业的。这时你会不会自动认为这个人比房间中其他人更聪明，会对你更有帮助，或者更有学问？如果他毕业于一所你从未听说过的学校，你会不会认为他不怎么聪明，也不能为你提供什么价值？只要有一个说中了，那么你都对自己说了谎话！

实际上，这个人毕业于一所定向招生的实验学校，而且你还只是刚刚开始了解他。如果你为了支持自己的偏见而太笼统地概括一个人，**就是在对自己说谎**。才智和天分与身高、体重、肤色、教育背景无关，这是个重要的事实。

审视自己

承诺真实意味着，开始一边审视自己，一边反省自己不诚实的地方。这样做也意味着，承认我们可能会对自己说谎。比如，在自己要取得的成就或要达成的目标上，我们会人为地设置障碍，这些障碍现实中本来没有，因为**这是谎言**。我们需要发现它，然后戳穿它。

如果我们心里说对某个人已经了如指掌，已经把彼此之间的一切互动和一切可能的走向都看透了，**这也是谎言**。每个人背后的故事都是厚重而丰富的，一定远超过我们对他们的描述。

> **责任原则 11：**
> 承诺真实意味着，一边审视自己，一边反省自己不诚实的地方，也意味着承认我们可能会对自己说谎。

"涟漪的第二环"的谈话技巧

坚持对自己真实的意思是在与他人的互动中必须坚持说出真相。我不仅要养成对自己说真话的习惯，而且必须努力对他人诚实。我也必须寻找机会将真相告诉他人，想办法激励他们接受这种态度。这就是涟漪的第二环。

不过这样做会面临挑战：如果要表达令人感觉不舒服的真相，即使你确信会激励他人，会帮助对方成长，在你展开讨论的时候也必须谨慎。尤其是诸如政治、信仰之类敏感领域，你的言辞尽可能不要有攻击性。为什么呢？因为展开对话和引起争论是不一样的。真正的"涟漪的第二环"讲究说话的艺术，你需要熟练掌握这门艺术。

前不久，我给一个小组做培训。其中有一位女士是教育领域的新晋领导者。我称呼她卡伦吧。在一次讨论环节中，卡伦开门见山地说："当初我只不过是一名教师……"

> 展开对话和引起争论是不一样的。

过了几分钟，在我们休息的时候，我单独找到她说："我能问你一个问题吗？"

卡伦微笑着说："没问题，你问吧！"

我就问她说："你在描述自己是一名教师的时候用到了'只不过'这个词，你怎么看待自己这种表达方式？我猜你说'当初我只不过是一名教师……'，要表达的不是管理者比教师重要，也不是说后者对孩子的学习能力的影响小。我知道你希望展现给下属们的是最崇高的敬意。"

卡伦想了一会儿，然后摇了摇头。然后说："我是那么说的，我不相信我曾经只不过是一名教师，而且你说的对，我当然希望教师们知道他们有多重要、多受重视。谢谢你指出这一点。我不敢相信刚才自己是这么说的。"

生活在真空中，不会让我们变得更好。因为我对自己说真话的时候是希望自己能变得更好，我必须讲出来，让他人在意识到真相之后也变得更好。

我希望你能从这个对话中注意到一点。与卡伦一对一交流对于我是合理的选择，因为在当天的早些时候，我就已经知道她是愿意接受这种指导的人。我知道她希望有所提高，也感受到了她会愿意接受我讲出的真相。这是涟漪的第二环的方法，不是对谁都适用的。你需要知道谁有心理准备，谁还没有。而且你还要摸索可以帮助对方的方式。

这件事没办法评分，只要帮助他人成为最好的自己就行。回到故事里，我知道卡伦的心态，也知道她大概可以接受我所说的，也愿意遵从我的指导。当然，每次的情况都不一样。

让我来分享另一个例子，同一种对话，不过换作不急于听到真相的人，这样进行涟漪的第二环的对话就有点难度。

不久以前，我与一位好朋友进行了一次对话，就叫他乔治好了。他把工作中发生的令他沮丧的事情对我诉说了一番。他手下有一名员工叫南希，这天她跑到他的办公室，说当天下午要请假。那段时间，乔治的团队正因为一个非常重要的项目而忙得不可开交。这个项目直接影响到能否成功完成公司的季度业绩。

我希望你先将南希请假是"对"还是"错"的问题放在一边，先看看乔治是如何描述她的行为，如何把自己的假想植入进来。他是这样说的："我期待南希能有更多贡献。如果是年薪3万美元的人也就罢了，年薪9.5万美元的人不应该提出这种愚蠢的请求。"

你发现乔治的言辞中的问题了吗？如果没有，请再读一遍。

把南希的请求说成是愚蠢的已经很有问题了，而他说的还不只这一点。他说如果是年薪3万美元的人提出来的，他不会感到意外。他认为年薪9.5万美元的人应该提出聪明的请求才对。换言之，如果不出意外，与挣了大钱的人相比，收入水平低的人智力水平也低。这就是乔治的经营理念。

他把假想植入进来，最终交织在他对南希的评价里。虽然第一眼不太容易看出来，但是里面存在的问题一点也不少。我们的对话里不应该存在有毒的假想，因为这不是真的。

正如我前面提到的，乔治是我的朋友，我们之间的关系很牢固。我重视他，他也重视我。我知道如果我把发现的问题指出来，他至少理解我提出来的原因，也会重视我的观点。所以我委婉地告诉他，把收入和才华联系在一起的观念令我不舒服。我告诉他，以我的经验，他表达出来的这种态度是不对的，容易令人感觉不安（这个思考很重要，我们会在第七个承诺中仔细分析）。按照这个想法，薪水达到一定数额的人必然比薪水不那么高的人更有才华。如果把这个想法作为经营理念，我们不但忽视了一些人在工作中的贡献要超过自身的工资水平，还在工作环境中"投毒"，让人与人之间走向对立关系，而这一切只不过是为了迎合一个原本不真实的想象。

我认为必须与乔治进一步沟通，因为我很强烈地感受到，如果他认为年薪3万美元的人不如年薪9.5万美元的人有才华，我们的关系也会相处得不太好。同时，我也没幻想着乔治会遵从我的建议，毕竟他总是表达类似的想法。他听明白了我的观点之后收敛了一下，没有再讲下去，但是我知道他以后难免还会说这种话。我明确表示，他以后对其他人讲这种话的时候，如果我在场的话肯定还会提出质疑。

挣得比别人多就一定比别人有才华，这种观点在我看来是不合理的。我很庆幸当时就表达了自己的感受，也很庆幸可以哪怕只是暂时地帮助乔治，让他意识到那种态度是不对的，他的态度有可能造成他人长期的痛苦和怨恨。我要再次说明，之所以选择展开涟漪的第二环的对话，是因为我知道双方的关系可以承受得起，就像在这个例子中我与乔治之间的关系。

决断之际

你准备好**承诺活得真实**了吗？很好，在你翻开下一章之前，我要求你发现一个此刻正在对自己或者他人讲的谎言。比如："只做一名教师不如我现在做的事情重要"或者"我不可能公开讲话"。请花足够的时间反思并发现谎言。做出选择，承认这是个谎言。也做出选择，从此不再受它影响。

毫无疑问，你的生活中一定有这种谎言，因为人都会对自己说谎。你此刻的工作就是把它找出来。你对自己说的谎言有不同的形式，可能是借口，可能是假想，也可能是为了得出预想的结论而"以偏概全"的偏见。一定要彻查到底！白纸黑字写清楚，查明白！然后想办法将其彻底摒弃。

第六章　承诺最有价值的事

什么东西在你的人生中是最重要的？重要到如果丢了，你上天入地也要把它找回来，然后把它放回你生活中原来的位置。能达到这个程度的，就是对你最有**价值**的事情。

在做出第三个承诺的过程中，把对你最有价值的事写下来至关重要。别写下几个听起来时髦、鼓励人的词语，然后把它们贴在什么地方，期待它们莫名其妙地变成现实。你需要花时间和精力，也需要付出努力，这样才能发现激励你采取行动的有价值的事情。

采取行动是个关键的概念，请你记在心里。如果说同情是对你最有价值的，那么找一张纸，把**同情**一词写下来就好了。因为我接下来要问你，**你的生活中在哪里展现了这个价值，如何展现出来的**？如果你的回答是"我也想知道"或者"哪里都没有",那么同情很可能还不是对你最有价值的事。

一件事对你或者有价值,或者没有,不存在中间路线。

说到有价值,一件事对你或者有价值,或者没有,不存在中间路线。某一种价值不会比另一种价值更重要,它们同等重要。我们倾向于希望给价值排出先后次序来,但是这样做其实没有什么用。一件事对我们或者有价值,或者没有。二者区别很大,不抓住这个区别,我们也不容易发现能驱动自己的价值。

我们会在某一段时间专注做一件有价值的事,在另一段时间做另一件有价值的事。如果是真正的价值,我们不会忽视。比如你可能用周末的时间陪伴家人,把平时的时间腾出来见朋友。经过一段时间,就能从你的行为看出来,对你最有价值的是各种人际关系。

我发现大多数公司对于自身的价值是什么没有明确的认知,因为这些公司的领导者也没有下功夫弄清楚他们自己的个人价值。这两方面必须是契合的,而且领导者必须先明确个人的价值。还是那个道理，我们只能给出我们所拥有的。

2001 年前后，我发现自己有一个不足之处，那也是我缺少一致性的地方，它与我的专业行为不一致。我给客户提供一对一的培训，训练他们运用这个开创性的方式帮助自己发现什么才是最有价值的。但是我发现自己也没有做好这件事。

我为了弥补这个不足而内省，这样我对他人提出的要求和我自己生活中的行为才能保持一致。我把给客户精心设计的步骤拿来给自己用，花了相当长的时间，仔细检验哪些能激励我采取行动、哪些不能，这样一来，我也可以明白，什么对自己最有价值。我深知，自己没有做好的事也不能给他人带去真正的帮助。

大概一周以后，我不懈努力的工作有了成果。呈现在我面前的三个词语是：**正直、尊重、有意义**。

这里我要解释一下。上述三个词语一直是对我最有价值的，但是发现它们的过程是很复杂的，经过了长期的探索。你需要时间来确定个人的价值，也需要时间发现什么是值得你投入时间、精力、专注力去做的事情，在这个过程中，你会更深刻、全面地理解自己从哪里来，要到哪里去。这个了解自己的过程十分重要，绝不只是把这几个词写在纸上，而是要明确这些词对你自己到底意味着什么，这样你才会知道自己什么时候做到了，什么时候没有做到。

我对**正直**的理解或许和你的理解不一样。我对**尊重**的理解或许和你的理解也不一样。我对**有意义**的理解或许和你的理解还是不一样。这都没关系，只要我在自己生活中不断努力，确保这几个词能真正发挥作用就行了。

不断辨析、提炼，反复推敲，不断自我成长。

同样的事，你完全可以做到。什么词语能表达对你真正重要的东西，表达你要在生活中努力营造和传达的，把这些词语找出来。知道了这些词还没有结束，你需要继续深入发掘，不断检验，不断分辨其中的不同之处，因为这些词的内涵是由你来决定的，它们以什么形式影响你和你身边的人的生活，都是由你来决定的。

我不断揣摩自己找出的这三个词，越来越清楚它们的含义和它们能激励我的原因。我建议你也这样做，挖得深一点。除了写下词语，还要写下它们对你的意义，不断辨析、提炼，反复推敲，不断自我成长。

我把自己目前的**价值宣言**（value

statement）当作例子，展示一下整个过程最终的效果。记住，这是我的价值宣言，不是你的。你需要独立写出类似的东西，而且你务必做好心理准备，这个过程需要投入足够多的时间。

正直

我决定做一件事的基本信念是言而有信和做正确的事总不会有错。所以无论如何我都会努力这样做。

尊重

我平等地看待每一个人。我认为他人的想法很宝贵，认为他们的信仰值得欣赏。我也理解，优先次序上的不同对他们很重要。

有意义

我要发现自己生活的意义，也为身边的人重建生活的意义。我会想方设法让我的家人活得有意义。我努力了解他人，发现对方的潜力，鼓励他们。我参与到社区和工作中，要带来不一样的改变。

人生是一场冒险。只要做到正直、尊重、有意义，在这场冒险中我就拥有主动权。

一旦你相信自己已经准确地找到了什么是对自己最有价值的，也界定好了它们的含义，就必须进一步问自己这个问题：**你的生活中在哪里展现了这个价值？**

对我而言，在生活中展现**正直**的时候，我会完全按照自己认为正确的方式行事为人，不管有没有书面合同或者口头协议，我都会这样做。不管我有没有许下诺言，做正确的事总不会有错。这与是否明确地对他人说要做正确的事情没有关系，我依然必须做正确的事。

对我而言，在生活中展现**尊重**的时候，是在走进一个房间的时候，我不会基于他的肤色、文凭、身价、性别而贸然地做出判断。我不允许自己把人分门别类，取而代之的是，我更愿意着眼于面前这个人的高尚之处，我与他的真实的关系和我们之间的互动，这就是尊重。

对我而言，在生活中展现**有意义**的时候，会赞赏别人的潜力，不图回报地帮助别人发掘潜力。我与卡伦的谈话就是按照这个价值生活的例子。有意义是我的最优先事项，我认为它处于真正的个人责任的核心。我们会在谈论"**这取决于我们**"的承诺时再仔细分析。

责任原则 12：

要是你问他人，"这个价值观在公司的哪个地方体现出来？"那么，你必须首先问自己，你的价值观在生活的哪个地方体现出来。

你的个人价值要与四个方面的行为相结合才能变成现实：

1. **基础价值：**你是什么样的人，你的基本性格是什么。

2. **人际价值：**如何在生活中建立关系，如何对待他人。

3. **职业价值：**你期待达到的业绩和卓越程度是什么。

4. **社会价值：**你如何看待自己所处的社会，如何参与其中，如何有益于这个社会。

我们会在本书第二部分更详细地分析这四个类别。

决断之际

你准备好承诺做最有价值的事了吗？很好。若要做到这一点，你必须发现对自己最有价值的是什么，你必须有意识地选择。如果不知道最有价值的是什么，你难免会被你的处境会不断变化，但对你最有价值的东西不会变。

习惯的力量挟持，或者被他人的价值观左右。就好像开车没有既定的终点，你可能度过有趣的时光，但是不会到达自己心目中的目的地。在进入下一章之前，请你花一些时间，确认你生命中最有价值的三件事。这些价值必须是可以付诸行动，也必须是你愿意付诸行动的。

第七章　承诺"这取决于我们"

负责任的领导首先是负责任的人，他们努力遵守"这取决于我们"的原则，从不放弃。我要讲一个自己的经历。我认为这个例子有助于阐明这个重要概念，帮助你明白为什么每个人都必须不断强调承诺的重要性。

你可能听说过迈克尔·布朗（Michael Brown）这个名字，也可能不熟悉。他是来自密苏里州弗格森地区的非洲裔美国人，这名年轻人死于 2014 年，死因至今依然充满争议。当天发生的事众说纷纭，我不是来解决那些争论的。要想明白我在讲什么，你只需要知道所有的人都认同的事情：弗格森地区的一名警察与他发生了争执之后开枪，导致他身中数枪身亡。这次枪击激怒了当地社区的人们。紧接着，执法机关的拙劣反应又引来了国内外的关注。当地爆发了多场抗议活动，大量游行、示威，破坏活动持续了很长时间。

我住在圣路易斯，弗格森在我看来可以说是近郊。所以有一天午休的时候，我决定开车过去，亲眼看一下抗议活动发展到了什么程度。

我看见的游行，既没有暴力，也不盲目。在场的人和我一样，他们关心的是支持社区渡过危机。我与不少当地人进行了交流，有两段对话尤其令我印象深刻。

第一个是一名高中数学教师，我叫他瑞安。与瑞安的对话是我发起的，持续了大概十分钟。我们聊了近期的事件，又聊到这些事件可能对当地社会乃至全国带来的影响。

然后瑞安问我："萨姆，你有几个孩子？"

我告诉他有 4 个，瑞安又问："你的孩子会不会经常遇到同样的事，就是因为分不到数学课本，回家以后不能写作业？"

这个问题令我哑口无言，一下就不知道该说什么了。但是我还是对他说了真话——我的孩子念的学校不会有这种问题，每个孩子都有自己的数学课本。瑞安看着我的眼睛，说："好吧，我的职业就是一名教师。让我来告诉你，在弗格森，我刚刚描述的这个问题每天都真实地发生。"

我花了好几分钟来消化这段对话。我尝试想象这样的一份工作：在课本少到需要全班孩子分着看的课堂里教书。要说这是发生在 21 世纪的美国的真事，我不太能够接受。

但是显然它就是发生了。我们刚刚在第三个承诺中提到了，有意义是对我最有价值的事，你还记得吗？瑞安的处境就是，他负责教育这些孩子，但是他们的潜力被埋没了。瑞安有能力让他们的人生更加有意义，阻碍他施展才智的不仅仅是缺少课本这件事本身，借着课本的事还传递出一则无声的信息："你们是无关紧要的，不足以得到所需的全部学习资源。住在城市另一端的人比你们更重要。"

我与瑞安对话时，理发师达里尔一直站在不远处。这时他伸出手来与我握手，介绍了一下他自己。聊了几句之后，我了解到，因为动乱，他的理发店已经关门一周多了。达里尔说："我能问你一个问题吗？"

我说："当然，请讲！"

"萨姆，你开车时，有没有被警察无缘无故地拦下来过？我说的不是超速之类的违法行为，我说的是因为警察感觉应该拦下你，顺便检查你的车辆保险和证件。"

我看着他说："说实话，达里尔，我从来没有遇到过这种事，一次都没有。你遇到过多少次？"

达里尔迎着我的目光，用冷静、专注的语调说："19次，萨姆，以后还会有。我 38 岁。从 16 岁取得驾照，这 22 年中被拦了 19 次——几乎一年一次。"

达里尔接着说："我们都有难处。富人有，穷人也有。

我的社区邻里有，你的社区邻里也有。我们必须试着花时间了解别人的难处，这样我们既能认识彼此，也能相互帮助。"

这两次对话在我脑海中挥之不去，我希望它们带给你的触动也同样深刻。我在那一天做了一个决定，把瑞安和达里尔的事当成我自己的事。与其说这是我的决定，不如说这是 "这取决于我们"的承诺所指向的——面对具体难题和工作，不狭隘地专顾自己，而是有兼济的心志。

责任离不开人际关系。努力做到"这取决于我们"的人会努力营造"我们在一起"的人际关系，他们的态度是"我们一路同行，一起走向成功，一起经历失败"。

理由就是我们在一起。

那天与瑞安和达里尔的对话指引我以"我们在一起"的思维看待发生在弗格森的事情。我把自己的收获总结了一下：

第一，也是最重要的，我发现大家真的同属一个社区，这里不妨称之为泛圣路易斯社区。其实还有很多名字，比如（往大了说）美国社会。但是现在我们单说泛圣路易斯社区，因为瑞安、达里尔和我都属于这个社区。发生在弗格森的事情，我们是同时知道的，我们也要一起面对，还要携手协助经历惨剧的社区继续前行，因此我们是同路人。

第二，这两段对话带来了"这取决于我们"的思维，也意味着我不得不用不同的方式思考。我开始设想，如果自己是在这里长大的孩子，上课需要与别人共享数学课本，我会怎么样？如果我是在这里长大的，警察只要看着不顺眼就会拦下我的车，而且不需要任何理由，我会怎么样？如果在这里人会被警察当街射杀，而且尸体四个小时之后才被发现，生活是什么感觉？我思索这一切的时候发现，在此之前，我的孩子和这里的孩子的社会体验完全不同，学习经历也完全不同。同时，我深知，在泛圣路易斯社区外围的孩子们的基本渴望和基本权利都是一样的，不外乎是成长、学习、参与和贡献社会。但是这里一切都脱节了。

第三，我开始思考这种脱节带来的人力成本以及对我的影响。我发现有些人（例如我的孩子）在成长过程中，在找工作时，还有在为泛圣路易斯社区出力的时候，都能得到所需的帮助。他们的发展潜力和人生意义是受到重视的。然而社区里其他的人得不到这种帮助。你一定想不到，这两种人最终都会影响到我。社区里任何一个孩子长大后，接受正确的培训或者进入大学，然后进入职场，都能大量地、有实质性地回馈社区，对我也都是有益的。社区里如果有任何一个孩子在成长过程中感觉人生没有意义、希望渺茫，最终没有得到充分的教育，对我无疑也都是个损失。

所以真相就是：我离不开社会。如果社区中失学的人、缺乏帮助和没有希望的人占了较大的比例，会对我产生经济上的影响、社交上的影响和情绪上的影响。我无法置身事外，也不能只满足于暂时性的改善，而是要彻底解决好这个问题。我的决定不只是为了迈克尔·布朗，不只是为了瑞安和达里尔，也不只是为了我自己。一切都是为了我们。

这是我们共同面对的难题。对于发生在弗格森的事情，我们必须一起做出响应。而一起行动的第一步是在沟通中充分尊重别人。这样才能准确地传达态度："你知道吗，如果一件事情让你受到伤害，这件事也会让我受到伤害；如果一件事情能推动你前行，这件事也能推动我前行。"我相信每个负责任的人最后都必须鼓起勇气做出这个承诺。

责任原则 13：
承诺"这取决于我们"的同时，我们要荣辱共担，除非你成功，否则我也没有成功，但是如果你失败了，我也就失败了。

我要澄清一点：在这个故事里，我不是英雄。我不想装作已经尽己所能去改变弗格森的一切。这也不是重点。如果"这取决于我们"，就总有很多更重要的事情要做。

这些事也总是始于个人的参与，始于一对一的沟通。始于发现、分享、建立共识和创造机会。

做出承诺始于你的家人和小圈子，然后涟漪效应会扩散到社区。熟识的人更容易被影响，因为我们了解他们。所以"这取决于我们"的最大难题在于：我们什么时候愿意去努力结识陌生人，我们怎么才能与他们建立关系？

决断之际

你愿意对身边的人承诺"这取决于我们"吗？如果愿意，请继续读下去。

做出这个承诺意味着你家人的失败也是你的失败。不论是在都市、城镇，还是乡村，如果你居住的地方瘫痪了，你也不会成功。另一方面，如果你的家人是成功的，关系网、社区都是健全的，你也是成功的。

如果你愿意做出这个承诺，它会体现在哪里？你在哪里投下石子，激起涟漪？你最后一次与家庭成员、心爱的人沟通是什么时候？最后一次在需要说"这取决于我们"的地方与社区居民沟通是什么时候？你准备为了能参与其中和搭建桥梁做点什么事情？你最后一次与邻居面对面交流是什么时候？对你而言，这样交流的意义有多大？让你学会了什么？

在工作关系当中，"这取决于我们"的承诺最终也会指引我们走向全新的思维方式。即使你是对身在远方和素未谋面的人做出这个承诺，结果也是一样的。我们会在本书第二部分验证工作中"这取决于我们"的承诺，在本书第三部分讨论在世界范围做出这个承诺。

第八章　承诺如同对待机遇和成功一样
对待错误与失败

　　我有缺点，你也有，大家都有。遇到有缺点的人我会接受，因为个人经历足以让我明白自己也不完美。我会原谅自己的缺点，但是也会注意发现自己的缺点，这样才可以不断尝试做出改善。为了发现并改正自己的缺点，我只能向自己重视的人保持公开透明。这也帮助我变得更容易接纳别人的缺点。

　　做出这个承诺，不因为不足之处而责备自己，也不装作它们不存在。这个承诺与第一个承诺中的探索和发掘自己的潜力有重叠之处。你在日常生活中实践这些承诺的时候，也会不断看到这十个承诺之间的重叠之处。因为这十个承诺是相互关联的。

　　著名散文诗《我所切慕》（*Desiderata*）中有这样一阕：

既不逾矩，又善待于己。

生于万物之后的孩子啊，

你的存在不次于树木和星星。

立身于此，是你的权利。

不管你是否明白它的奥秘，

万物会遵守约定向你敞开。

　　诗人捕捉到了第五个承诺的精髓。你做出这个承诺的时候，就是要笃定地建立规矩——明明白白地做出判断，发现你自己的短处和错误。同时在处理问题的时候，要善待自己，在与别人互动的时候也要时刻坦然处之。

責任原則 14:
发现缺点，不是强迫你为了过去的错误责备自己。

責任原則 15:
与他人相处的时候，你对自己错误和短处的坦诚，会让你获得信任。缺少这样的透明往往会破坏信任。

　　我们需要时间，需要练习，再加上决心，才能养成向别人坦言自己错误的习惯。第五个承诺的关键在于养成习惯，长期练习提高。在被问责的时候坦率地承认自己的短处和错误，人们反而会尊重我们。不但如此，当他们看到你能迅速并且决然地改正错误，又能弥补过去犯过错误的不足之处，就会更加尊重你。

我发现自己有时候会有所忽视和遗漏，有时会在台上讲与事实不符的东西，这时，假装什么事都没发生是世界上最糟糕的策略。如果我叫错了别人的名字，不可能继续往下讲，就好像什么都没做错。这时我需要的是坦诚，向当事人承认错误（"对不起，艾哈迈德，我把你的名字读错了"），然后再继续。公开透明确实是关键。没有人是完美的。我们从镜子里看到的面孔就是不完美的，必须承认这一点。如果我们从一开始就对别人不坦诚，怎么可能期望别人对我们坦诚呢？必须有人先做出榜样。

但是下一次召开员工会议的时候，你可别从头到尾讨论自己搞砸的地方。对于可能存在的薄弱环节，或者你做过的错误决定，对其他人产生过不利影响的地方，你确实有义务直接承认。如果在你的印象中，自己从来没有做出过这样的决定，请再好好想一想：你是不是对自己不够诚实？

我们在这里谈论的承诺，归根结底离不开谦卑。它值得你像锻炼肌肉一样来锻炼。你可以对一个值得信赖的朋友做出第五个承诺，这会是一个不错的起点。有没有这样一个人，你可以完全开诚布公地与其谈论生活中发生的事情——不论是好事、坏事，还是丑事？有没有一个对你同样坦率的人呢？每个人都应该至少有一个这样的朋友，我有幸拥有几个！这些朋友中，认识时间最长的是我的好哥儿们菲尔。

我和菲尔无所不谈——个人的事、工作的事，还有你能想到的任何一个方面的事情。当然，我们的谈话内容是保密的。保密是为了双方能安心地畅所欲言，如果有自欺的地方被对方指出来，也稍微容易接受一点。我和菲尔都觉得有义务鉴察自己做过的决定中的过错和失误。总结成功之处当然更有意思，但是我们都觉得从成功中学会的东西会少一些！

和其他九个承诺一样，这个承诺也需要坚持，需要不懈努力——尤其是因为很多人（比如我）的成长环境，在家里公开承认错误不一定会受到赞扬，后悔自己做出的决定、希望有改正的机会也不一定是被鼓励的事情。

我的祖父是我小时候主要的效仿对象。他是那种不轻易承认错误的人。不论是在私下里，还是在一群人面前，我发现只要有焦点对准他的时候，他都会站直身子，好像高出了2米的样子——因为他想表现出充满力量、对自己做的每件事都信心十足的形象。我在很长一段时间里都在尝试模仿他的样子，甚至到了病态的地步。

我尝试向外界展现得比自己真正的样子还高 2 米——极端自信、无所不知、没有犯错这回事。你知道我学会了什么吗？这种态度会拒人千里——导致我不能成长，也不能成为最好的自己。今天，如果有什么重要的事情我不知道答案，我会选择讲出来——对我自己讲，对那些指望我的人讲，也对菲尔（当然还有更多的人）讲！

有智者观察说，"缺少坦诚的结果是人与人之间没有信任，心底有不安全感"。这个说法绝对是准确的。我们人总有不知道的事情。我做出的决定总有不起作用的。如果有什么事情是我们不知道的，我们需要用适当的方式承认。如果犯了错误，也需要勇敢承认，并且想办法对受影响的人承认——没必要演戏——不然我们不能前行。

决断之际

你准备好**承诺如同对待机遇和成功一样对待错误与失败**了吗？太好了！要明白，与你共事的人和你一样，也会有缺点和局限性。做出这个承诺的意思就是接受这个现实。在健康的人际关系中，没有人会假装自己是完美的，没有人会因为别人有机会从挫折中学习而苛刻地评判或羞辱别人。

最高效的领导者——最高效的人——更在乎可能性、潜力、学到的教训、已经做出的贡献和将会有的贡献。他们在分析自己的不足和失败的时候最有威信，因为这样一来，别人把短处拿到台面上来就变得容易了。如果你已经做好准备，承诺成为这样的人，你就可以进入下一章了！

第九章　承诺遵循健全的财务原则

第六个承诺是成为管家。

管家与所有者是不一样的。有时我们会错误地以为生活中可以支配的各种资源是自己拥有的：开口闭口都是"我们的"钱，"我们的"时间，"我们的"人（工作中的下属），诸如此类。"我们的"这个、那个，还有其他。这是我们后天习得的。我们所掌管的东西在一定时间内当然是"我们的"，从实践的角度说或许是合理的。尤其是因为这样想可以提醒自己，做出决定的人以及在这个场合下的领导人是：我们。但是我们需要清楚地知道，**任何由我们决定如何配置的资源，终究只是过手而已。我们别指望能把它扣在自己手里。**

我们空着手来到这个世界，也空着手离开这个世界。在这中间，我们尽职工作，维持"我们的"资源——包括任何由我们决定如何配置的资源，终究只是过手而已。我们别指望能把它扣在自己手里。

财富和其他资源。我们往往必须做出选择，尽可能以最好的方式使用这些资源。负责任的人不论使用什么东西都努力成为好的管家，其中一个就是金钱。第六个承诺直白地讲就是善用金钱。

管家的工作简单地说就是管理资源，维持工作流程，把握各种可能性——避免浪费，避免错失良机。如果有什么东西在你的托管之下被善加利用，并且对别人产生了有益的作用——不是一日如此，而是经年累月一直如此——那你就是个好管家。反之，你就不是好管家。就是这样简单。

科学家兼历史学家斯蒂芬·杰伊·古尔德（Stephen Jay Gould）曾在书里写过，"不经意演化出的光辉，即所谓的灵智，强大到让我们成了地球生命延续的总管。虽然这个角色不是我们强求得到的，但是我们也不能拒不赴任。我们或许不称职，但是我们已经走到这一步了"。古尔德的这个精辟结论，源于对人类掌管自然资源的最基本职责的观察，但是它同样适用于我们处置自己的财富资源。管家一职可能不是我们的志愿。在我们的心愿清单上，这一件可能排不上首位。我们可能觉得它不适合自己，但是我们已经走到这一步了。如果我们是真正负责任的人，就会努力善用财富资源。

我们是管家的理由很简单，因为我们做出的决定不但会影响自己，而且会影响身边的其他人。了解自己的财富选择对他人的影响是我们的义务。了解所做的决定对自己、对家人乃至社区产生的短期影响和长远影响也是我们的义务。我既有儿子的身份，又有兄弟的身份。我还属于多个不同群体。在做财务方面的决定的时候，我要把这些因素都考虑到。

我的父母不但一起经营了稳固、彼此恩爱的婚姻，而且一起创业，经营批发时尚饰品的小生意。正因他们高效地掌管金钱方面的资源，生意才能兴隆，并且养活我们一家。我从小就对父母之间这种伙伴关系印象深刻，我形成这样的印象在很大程度上也是由于他们的管理有方。

他们创业之初与许多小企业一样，前期资本几乎为零。所依靠的只有辛勤工作，聪明，还有好学。他们建立家族生意不外乎靠这三个品质，没有投资人大量输入资金。当初那些日子里，现金是最珍贵的。所以他们很努力地精打细算。

"这项投资真的合理吗？"我记得他们一起管理这家发展中的公司时，曾经一次又一次地谈论这个重要的问题。这是他们公司的核心问题，也是这家公司生存和兴隆的原因。这个问题重要到了生死攸关的程度，我把它融入了自己的生活，也融入了生意里。在做出每一个金钱方面的决定时（哪怕是你觉得自己绝对不会后悔的），不断地问这个问题不会让你没面子，也不会让你显得无情无义，而是让你成为好管家，妥善掌管这个承诺的焦点——金钱。

> **责任原则 16:**
> 对金钱负责任的人会不断问自己：这项投资真的合理吗？

大概是我已经习惯了父母不断互相询问投资是否合理，但是他们的财富观念要是放在今天也太罕见了。我这样说是因为有新闻作为依据：美国消费者新闻与商业频道（CNBC）报道了一项在美国国内的研究。其结论称，出了意外连 400 美元应急的钱都拿不出来的人，在美国的成年人中占了百分之四十。这是由于没有遵循健全的财务原则造成的，健全的财务原则中的一个基本观点就是提前存钱以防意外。我当然注意到了有很多人的周薪、月薪只够在温饱线上挣扎。我也知道，有很多收入可观的人是把杠杆的作用发挥到了极致，但是如果某一周股票市场下跌百分之十，他们就有大麻烦了。所以我说的存钱和不过度铺张，不是针对第一种人，而是针对除了他们以外的每一个人。

　　我的父母在生意做大了之后依然精打细算。在他们制订的财务计划里，储蓄账户里一定有稳定的进项，有捐给他们所认同的善心善行的款项，还要保证孩子们能接受良好的教育。总而言之，他们不单是成功的商人，更是好的管家。在金钱方面的职责上，他们就是我的榜样，制订健全的财务计划是我从他们那里传承下来的。他们每一天实际都是在教我熟练掌握这个方法，所以制订的健全财务计划不仅使自己受益，而且惠及那些有幸从中直接学习的人。如果你挣多少花多少，这固然是可以的，毕竟花自己的钱也不需要有什么顾虑，但是在财务上有计划性会更好。如果你量入为出，因而有所结余，就可以通过存储，达成自己设立的财富目标。量入为出不会让你的梦想落空，反而需要借由这样的积蓄行为，才能实现梦想。

> **责任原则 17：**
> 量入为出。

　　我把这个观点分享给他人的时候，他们经常会说："你所描述的对于我这种情况而言是完全不现实的。"他们觉得以自己所处的境地，不可能制订出更好的财富计划。你猜如何？他们大多都想错了。如果你登录谷歌搜索"老师捐出几百万", 看能找到什么? 每过几个月就会有一则感人的新闻故事, 讲的是某个在学校里教书四五十年, 甚至 60 年的人留下一笔巨资, 然后把钱捐赠给了学校或者其他教育慈善机构。其中有一个故事, 金额达到 800 万美元! 这是一项了不起的成就, 也是一笔意义非凡的遗产——因为教师们挣的钱一般并不多! 这样的事情却在反复上演, 这难道不是证明了选择的力量、不同的优先次序和管家的职责吗?

决断之际

你准备好承诺按照健全的财务原则生活了吗? 如果是的话, 你要从这些方面努力:

- **常怀感恩。**一切从感激之情开始。不断花时间思考生活中有什么是令你感恩的, 时常表达你的感激之情。

- **给予。**捐款给理念相同的慈善机构。捐款应该与你拥有的资源相称。

- **同时制订短期计划和长期计划。**与信任的专业人士合作制订计划, 要有清晰、合理的单周目标和月度目标, 也要有季度、年度目标和十年以上的目标。

- **存储。**以防意外预先存一些钱。不需要很多，但是一定要有。

- **支付家庭目前的开销和未来的开销。**不要只付清账单，应提前在孩子的教育和其他需求上投资。

- **限制消费。**别假想自己必须拥有最新、最大、最极致的东西。

- **力争不负债。**虽说现行的文化不倡导这样做，但是这依然值得我们去争取。

承诺遵循健全的财务原则意味着在决定如何花钱的时候，可能需要你摆脱自己熟悉的消费方式。某些冲动消费的感觉的确很好，这种消费可能已经成为你日常生活的一部分，但是这些不是出自健全的财务计划。你应该改变行为模式！

第十章　承诺创建安全环境

你允许自己的环境里存在什么，就是在纵容什么。你纵容了什么，就是在创造什么。

责任原则 18：
你允许自己的环境里存在什么，就是在纵容什么。

这个承诺是从你自己的环境——物理环境、情绪环境、心理环境——一层一层向外扩展的。你内心感到不安全的时候，如果不采取行动把自己的环境变得安全，那么就各种实际效果而言，你参与了在这个环境中制造危险。所以无所作为是不可取的。

请你务必记住，这些承诺都要从自身开始，然后向外延展到别人。**做出承诺不是书面协议或者口头协议规定的义务**。承诺是自然而然的，无须解释。这一点可能在第七个承诺——创建安全环境的承诺上体现得最为明显。

请思考下面的几个例子，你赤脚走在公园的土路上，却意外发现在路中间有一大块碎玻璃正等着你或者别人踩下去。你会怎么做？当然是把它捡起来扔进旁边的垃圾桶。除了不希望自己下一次走到这里的时候踩到了被它扎伤，你这样做的原因还有不希望其他任何人被扎伤。**你与公园的步道之间没有签署任何具体协议，你完全是按照第七个承诺采取的行动**。这个承诺就是自然而然的。人们进入公园不被碎玻璃扎伤是理所当然的。所以你会履行创建安全环境的承诺，你会把碎玻璃扔进拉圾桶。

如果你允许这个环境中存在碎玻璃，就是在纵容——也就是给自己和别人制造了危险环境。所以你履行了创建安全环境的承诺，你会把它扔进拉圾桶，仅此而已。

到这里为止，一切都是显然的。你不难得出结论，捡起碎玻璃、保证了自己的安全，**这就是你投进池塘的石头**。同一时刻，你也激起了涟漪效应的第一环。因为在你为自己捡起它的时候，也为他人保持了公共环境的安全。他人看见你为了环境安全采取的行动从而受到激励，他们也做了类似的事情，共同维护这个环境（或者其他共享环境）的安全，这就是涟漪效应的第二环。

但是这个承诺不局限于公园的步道。

我选择公园碎玻璃的例子，是因为它浅显易懂，也易于模仿。我相信在公共环境中遭遇直接威胁人身安全的时候，大部分人会采取行动维护安全。但是同样的事情换作是在情绪和心理的领域，就会变得比较难了。

我再举一个自己的例子让你可以一窥究竟，看看在我的生活中令自己难以做出这个承诺的地方（请注意，我用自己犯的错误举例子也是在履行第五个承诺：如同对待机遇和成功一样对待错误与失败）。在很多年的岁月里，我如果在社交场合听到有人讲不合宜的玩笑或者说了失礼的话（比如种族偏见或者性别歧视），我虽然心里很不认同，但是不会大声讲出来，只是默默赞许自己说，"我一定不会开这种玩笑"。我也会因为没有附和、没有一起笑而自鸣得意。

你知道吗？虽然是他人的话语造成了别人痛苦和不安全的感觉，虽然我什么都没说，但恰恰是沉默让我也成为同谋。

我要重申这个道理：我允许自己的环境里存在什么，就是在纵容什么。我纵容了什么，就是在创造什么。

最近几年我愈发意识到了，**不论我是否对他人大声说出来或者写下来**，都有责任承诺情绪和心理环境的安全。

也因为做出了保持安全环境的承诺，一旦发现了这里不安全，我必须采取行动！我必须做点什么，必须发出声音。

假设我现在正在餐厅吃饭，同桌有人开不恰当的玩笑，我必须承认这件事发生了，这里不再安全了。我应该作何反应呢？如果是他人不对，我需要采取行动，让这里重新变成对自己和他人都安全的环境（我也是这样做的）。

不论破坏了环境安全的人是有意的还是无心的，也不论他是朋友、客户、熟人，还是家庭成员。我都需要找到合适的行动方法，然后恢复环境的安全，我可能会这样说："克利夫，我相信你不是故意的，但是你刚刚开的这个玩笑可能会让他人感觉受到伤害。或许我们可以调整一下笑点。"

你为了维持环境安全说出口的话必须对你自己有说服力，也必须符合当时的情形。**但是最关键的一点，还是你必须把它说出来！**

如果你做出这个承诺，也注意到有人或者有东西损害了环境的安全，就必须采取行动。这个承诺适用于你在生活中遭遇的任何情况：家庭、工作、社交……你自己继续罗列吧！

请记住：形成涟漪的第一环的只能是我们出于承诺创建安全环境所说的话和所做的事。我们为别人做出表率，以言语和行动激励别人，还有帮助他们建立并维护环境安全，这些都是涟漪的第二环了。

决断之际

承诺为自己，也为他人建立并维护安全环境，同时也在生理、情绪、心理方面这样做，你准备好了吗？

在你不假思索地说"是"之前，有没有想到这会是一个复杂的任务。你需要有观察能力，采取明智的行动，需要毅力和机智，这其实并不容易。你还需要密切关注自己的行为和周围的环境，发现其中有声无言的假想，这些都会影响你与他人的关系。如果你像我希望的一样，愿意做出这个承诺，请利用现在这个机会，回想一下你对关系密切的人——家人、朋友、邻居——说过的话，或者做过的事情。看看有没有令他们感觉不安全的。请记住，你允许自己的环境里存在什么，你就纵容了什么！

第十一章　承诺"言出必行"

第八个承诺，像是硬币的两面。一面是基于言出必行的坚定的信念做决定；另一面是提醒自己，做你内心认为正确的事总不会有错。

很多人对此感到意外。因为他们只看到其中的一面。"言出必行"在他们看来只是"必须"努力贯彻执行那些他们公开说过的正式、明确的诺言。换言之，他们认为只有别人能证明他们说过的东西才是必须努力贯彻执行的。第八个承诺比这些要深刻多了。这个承诺离不开正直。

> **责任原则 19:**
> 除非与你的一言一行相称，否则就不是真的信念。

正直是指完整不可分割的状态——浑然一体。不论在什么环境，不论遇到什么困难都不会妥协。诸如"我需要做的就是确保谎言不被戳穿"和"只有我在他人面前许下的诺言才必须兑现"等，都是缺少正直的信号。如果我们开始就分辨什么是自己"必须"做的事情，说明部分信息已经被隐藏了。我们选择公开的部分是为了建立好形象，即使这个形象不符合我们心中的正确的事。只不过这样做不是正直。正直是保证你的一言一行与真实的自己相称，也和你真正的信念相称。因为没有行为支持的"信念"根本算不上信念。那只不过是做给外人看的广告。

没有行为支持的"信念"根本算不上信念。

举个例子说明承诺"言出必行"的正直行为是什么样子的。我向勒妮求婚大概是在 40 年前了，当时我们先去见了她的母亲桑迪和她父亲门德尔，希望能得到他们的祝福。他们同意了。之后不久，我们回到勒妮的学校——密苏里州的哥伦比亚大学。我在那里正式向她求婚，然后得到了一生中最好的答复，她说：

愿意。我们再次开车回到圣路易斯，当面告诉了她的父母，因为若非万不得已，这种事不适合在电话里说。

他们得知我们的决定特别开心。几分钟后，我不记得为了什么事情了，但是我说："妈妈，我来帮忙好不好？"我岳母停在那里，眼眶立刻就含满了泪水。我看见她的样子也是大为感动。

可见，我改口叫"妈妈"和"爸爸"不只是出于礼仪。从那时直到如今，他们不但称呼我为"儿子"，而且待我也是如此。这让我更容易以儿子的身份和他们相处。他们待我如同家里的一分子，就像对自己的孩子一样尊重我、照顾我、爱我。

八年前，我父亲去世。葬礼之后，我找到门德尔，手搭在他肩上说："你一定知道的吧，你现在是我唯一的父亲了。"

他的眼睛有些湿润，点点头，似乎想说什么，但是没有开口，只是探过身来，亲了我的脸颊。他虽然什么都没说，但是我明白他的意思。

这 40 年来，他们二人把对我的承诺体现在生活中。对于他们，"爸爸"和"妈妈"不只是称呼。他们说愿意待我像自己儿子一样的时候，真的是这样想，也是这样做的。

决断之际

在生活中承诺言出必行，就是承诺要为人正直。除了最基本的履行诺言，还要愿意并竭力做好准备，在他人要求你把自己的行为和决定置于公众视野中的时候，有能力这样做。

如果你做正确的事情，不单单是因为自己的诺言，还因为这是本来该做的事情，你就准备好做出第八个承诺了。

第十二章　承诺在最黑暗的时刻依然坚强站立

生活中的事情不会总是平顺的。我们不能总是得到自己想要的结果或者应得的东西，各种事情都会发生。而且问题不在于有没有事情发生，而是在于事情在什么时候发生。一旦发生，我们有责任尽可能成为最有主意的人。人类发展的过程一向如此：我们遇到的困难一个接着一个，但是内心一天新似一天，最终克服困难、找到出路。

第九个承诺的重点是，一旦我们发现自己正经历这种时刻，正身处这样的环境，我们需要坚强站立。如果我们只在顺境中才有好的品质，那不是真正的品质。我们必须接受会有遇到艰难的时刻，也会有发生危机的时刻。最重要的问题是（不论遇到什么样的危机），我们的反应是主动的还是被动的。

主动的人采取明智的行动解决难题，不让难题左右他们。被动的人呢，不论雷达屏幕给出什么警报，他们都不假思索，草率地做出反应。

要是想在最黑暗的时刻能拉他人一把，你必须先学会自己坚强站立。也就是说，你先要对自己的行为负责，不把外在因素当作借口。如果你在难题面前消极应对，你也不可能借力给他人。如果你不能主导生活中的事情，就要接受外在环境作用的结果。你无法兼二者于一身。你只有主导了自己生活中的选择和方向，才能帮助他人。这和把功劳揽在自己身上不一样。主导只是专注于自己可以控制的东西——然后做出决定，而不是找借口。

> **责任原则 20：**
> 即便是在最黑暗的时刻，你依然可以主导生活，而不是接受后果。

对这个承诺而言，把石头投进池塘里就是明白，在个人生活中你虽然不能控制外在因素，但是可以完全控制自己的态度和对这些事情的反应，因为后者取决于对你最有价值的事。使你可以在最黑暗的时刻坚强站立的，是个人价值。涟漪的第一环是你坚强站立在他人身边帮助他，给予他们面对艰难时刻所需的支持，可以是一个小时、一天，甚至一生时间。涟漪的第二环是你激励对方也在最黑暗的时刻坚强站立。

人类会把危难夸大。我们面对艰难的时候会这样想，"完蛋了，出大事了！"然后我们陷入恐慌——突然就进入到被动的模式。我们开始被难题左右。下一次如果你遇到困难时出于习惯被动应对，而不是主动采用价值驱动的方法，请你回想一下这个真实的故事。

一段时间之前，我在加利福尼亚的长滩举行讲座。我提前一天就到了，以便有时间在这座漂亮的城市里享受一下阳光、美景和美食。之前正好有一个朋友建议我去参观玛丽王后号邮轮，这艘号称令人难忘的高雅环球之旅的邮轮，如今退役停靠在加利福尼亚州长滩，被改建成旅馆。当时我只听朋友提到船的名字，就牵出一段美好记忆。从那时起，我就向往着能去看上一眼。

我上网查了一下，确定全天都可以参观，于是就往码头走去。

导游介绍了这艘著名轮船的众多历史花絮。其中说到，由于能快速把大量士兵从美国、加拿大和澳大利亚送往欧洲，这艘船和伊丽莎白王后号一起将第二次世界大战的时间缩短了一年多的时间。导游提到了另一个珍贵的信息，这艘船是在 1939 年 8 月 30 日之后被军队征用的，在那之前，她从英国的南安普敦出发，进行和平时期最后一次横渡大西洋。

但是有一件事就连导游也不知道，我的外公和家人就参与了当年玛丽王后号的最后一次跨大西洋航行。

事情要从德国臭名昭著的"水晶之夜"说起。1938 年 11 月的一天晚上，德国多地窗户被砸碎，店面被抢劫，房屋被烧毁，居民也被杀死。这一切都在告诉犹太人，他们是纳粹德国的目标。德国全境的袭击共造成 90 多人死亡。警察和其他部门都袖手旁观，什么也不管。这次袭击不是针对某一家商店、一个社区、一座城市，而是针对整个族群。想象一下，你一早醒来，发现在政府的默许下，所有与自己有共同信仰的人都被攻击了。想象一下，将近 100 人被谋杀，凶手却不会受到制裁。再想象一下，如果接下来就会轮到你的家人，你该怎么办？

如果你对什么是最黑暗的时刻没有概念，我外公在"水晶之夜"的经历会是一个特别有说服力的例子。如果你需要让自己觉得相比之下，工作中最糟糕的日子还是很温和的，这也是个不错的选择。

我外公就选择用"水晶之夜"提醒自己，要保护心爱的人。于是他偷偷把家人送到了瑞士。最初，他只把妻子和两个孩子送出德国，自己却没能逃出。在尝试了三次之后，他最终使用自己伪造的护照逃了出来，然后在瑞士与家人汇合。之后又经过富有成效的讨价还价，他带着全家穿过法国，抵达了一个名叫瑟堡（Cherbourg）的小镇。

1939 年夏天，他们从那里登上了最后一次跨大西洋航行的玛丽女王号，然后经过漫长的海上航行安全抵达美国。随后，这艘带我母亲来美国的船就被军队征用了。

我那天在长滩参观的就是救了我家人性命又带我母亲来到美国的船。

只要我一想到责任，一想到承诺在最黑暗的时刻依然坚强站立，就会想起我的外公，思考他如何在你我都难以想象的困难中获得力量，并使之成为推动自己和家人生命前行的动力。你我都不必担心如何逃离纳粹德国，如何躲避抢夺、破坏财产，社会压迫和种族屠杀。但是我外公需要，他曾经面临这个巨大的难题。但是他没有被难题吓倒，而是花了近乎一年时间，一步一步，目标明确地解决难题。这就是在最黑暗的时刻坚强站立的具体体现。他坚强站立首先是为了自己，然后也是为了依靠他的人。

我追忆外公在大约 80 年前挺身而出的事，认为"这就是责任的样子"。他为了确保家人的安全，全力以赴做他能做的事情，完全只看结果。没有别的办法让他和家人安全地来到美国。他为了这个目标努力，积极行动。我需要鼓励自己的时候，会第一个想到他的故事。

你不必十分了解我的外公的生平就能发现，他为照顾家人所做的也能帮助他人发现自己的全部潜力，践行"这取决于我们"，并且履行责任中的其他承诺。对我而言，我外公是负责任的最佳楷模。

我要强调关键的一点，我外公是幸运的，他做计划，努力工作；他有创意，肯坚持。没错，他从纳粹德国逃了出来。很多人也都做了计划，努力工作，有创意，肯坚持，但是没有逃出来。我对你讲这个故事的目的，不是说我外公比其他人更足智多谋。我要表达的只是当面临我们大多数人难以想象的状况时，他选择挺身而出，坚强站立。我们选择这样做之后会发生什么事情，就不是我们能决定的了。但是如果我们真的是负责任的人，就必须站出来，不论之后发生什么事情，我们都要像是在主导自己人生的样子，努力付出。换言之，我们必须调动自己的潜能，尝试每一种可能！

我常常想起外公大约80年前登上的轮船。每当我思考他的航程，也会想到几个与这个承诺有关的重要问题。比如：

- 面对几乎没有威胁、没有难度的境况，为什么我们还是会进入被动模式？

- 在最黑暗的时刻选择坚强站立、勇敢应对只限于为了家人吗？

- 对其他人也这样做有何不可？

- 如果我们坚强地与他人站在一起，好像是他们至亲的人，对方会有什么感觉？

- 如果我们在最黑暗的时刻坚强地与他人站在一起，在我们的人际关系会发生什么变化？

决断之际

承诺在最黑暗的时刻坚强站立，就应主动选择不再用发生在自己身上的事情指责别人，不把这些归咎于外在环境。你必须选择公允地看待自己的处境，你必须选择人生的下一步要发生的事情。你必须为了自己坚强站立，你既然选择了为某人负责，选择了为某人的事情负责，就要为了他们坚强站立。你没有时间充当受害者，也没有时间扮演你自己以外的任何其他角色。那样做没有意义。如果你准备好做出这个选择，也准备好成为他人的表率了，请继续阅读负责任的第十个承诺，也是最后一个承诺。

第十三章　承诺好名声

承诺好名声，不是为了吹牛、炫耀、上新闻，而是不断矫正自己的言行，让自己与本书前面几章中的九个承诺保持一致。如果你这样做了，名声自然不会有问题。如果你不这样做，名声自然不会太好。就是这么简单。

我认为每个人都应该慎重考虑这个关于名声的世纪难题：**我是希望自己名噪一时，还是绵延世泽**？

二者截然不同！

趋势、观念、审美都在变，但是价值和承诺不会变。趋势、观念、审美决定了你会不会名噪一时。你的价值和承诺决定了你有没有遗泽余荫。今人花费了太多时间、精力努力思索**怎么才能风头无两**？与之形成鲜明对比的是，**鲜少有人思索我能给这个世界留下什么**？这是多么遗憾的事，因为遗产的影响力比借着社交媒体大肆传播的微博、短视频、帖子影响力大得多，持续的时间也更长久。在这方面，我们把优先次序弄错了。

遗产是你为别人留下的好处，在你离世之后依然为他人提供价值。可以是物质上的，就像是给大学捐资。只不过是钱躺在他人的银行账户里什么事情都不能做。圣雄甘地、马丁·路德·金、海伦·凯勒留下的都不是一笔巨款，他们的个人价值和承诺就像生命的延伸，让他人也选择接受同样的价值，做出同样的承诺，从而造福人类，因此他们的影响力是深远的，也是美好的。

如果你名噪一时，就好像是在说："喂，快瞧我的。"人们会关注你，这个效果也就持续几天到几周时间。

你若能留下引以为傲的遗产，就经营了负责任的人生。负责任的人生里没有什么出风头的事情，也没有什么让你发财和出名的事情。负责任的人生里的每件事情都是在服侍别人，也都是在付

你是希望自己名噪一时，还是绵延世泽？

91

出。最后在你谢世之后，他人发现你经营的生活、你赠予的礼物，就说："哇！我也要做出同样的承诺，活出同样的价值。"这个效果可以持续上百年。你自己其实并不从中受益，受益的是他人。但是你能想象得到吗，这是世上最高层次的成就！

责任原则 21：
留下你引以为傲的遗产是最高层次的成就，因为这样可以激励他人做同样的事。

你我生活在特殊的历史时期。坦白说，很多可耻的事情让不计其数的人出了名。通信技术的不断发展本来应该有很大的作为，不应只把公众和个人之间的界限变得越来越模糊。狂热追星也是另一个病态的潮流。虽然我们从未真正接触过这些名人，但是如果他们遇到麻烦，我们觉得有义务为他们的行为辩护。有多少人把时间、精力浪费在了努力为歌星的行为辩解上？就在成千上万铁杆粉丝深信自己的偶像"不可能"做这种事的时候，结果证明他（她）其实做了这些事情。不论是什么原因让这种事变得稀松平常，也不论一个人是因为娱乐大家而出名，还是由于粗鲁、残忍、施虐、轻率出了恶名，这些事情都不是我们这里要探讨的遗产。

我们要探讨的是你在自己的言行上做出承诺，让他人心里想"能认识这个人我很开心，可以与这个人做朋友我很开心"。

我们已经在本书第一部分论证过九个彼此关联的承诺，若要让你身边的人得出这个结论，做出负责任的承诺是更好、更有效的方式。如果你每一天都按照这些承诺生活，言语和行为都与之一致，就一定会获得好名声，你也做出了亲身示范，别人就可以效仿你做同样的事了。

我足够幸运，能与四个人在专业层面上共事，他们始终坚持按照九种承诺做事，并在几十年的时间里亲自见证他们对别人的影响力有多强大。这四个人是我的母亲伊迪丝、父亲鲁宾，还有我的岳父和岳母。他们按照负责任的承诺做人做事，给顾客、供应商和其他人留下了好印象。在他们的决策、价值观和个人承诺的熏陶下，还很年幼的我已经明白了两件十分重要的事：

- 第一，我做的每件事，只要会影响到他人，就会影响自己的名声。我指的是每一件事，可以是一件大事，也可以是一件小事，也可以介于中间，但是它有影响力。如果我为你推荐一家饭店，说那里菜品和服务都很棒，结果你发现我夸大其词了，因为那是我的好朋友开的。言而不实的恶果会回到我身上，伤害你我之间的关系。

- 第二，我不得不接受，好的影响不会被忽视，坏的影响也不会被掩盖。我做的每件促进人际关系的事都会长期带来好的影响，每件损害了人际关系的事都极有可能成为人们对我的非议。长远来看，偶尔有麻烦和疏忽之处是不可避免的，但是身为负责任的人，一旦我发现自己没有履行承诺，必须坦然面对事实，尽快采取行动纠正。承认并改正错误的行为可以快速增进自己的名誉。我会充分利用这个方法！

我的四位长辈就是表率，承诺好名声是我早年间从他们身上学会的重要功课。直到今天我都感谢他们的以身作则。

林肯总统曾经说，品格就像一棵树，名声是它的影子；影子是我们对树的看法，但是树本身才是实体。我同意这个说法，只想再补充一下，在我看来，"品格"的含义包括你在之前的章节中读过的具体承诺，包括接受这种生活方式，包括明白它们如何彼此支撑，还包括理解它们如何促进你的人际关系。

决断之际

你准备好承诺好名声了吗？请认真思考这个问题。名声是在综合评价真实的你和你在生活中真正的担当，不是从别处拿来贴上的东西，而是个人承诺的直接后果，是你选择投入池塘的石头和它激起的涟漪。

承诺好名声，就是做出我此前讲过的这些承诺。注意你的行为和选择对他人的影响。如果你准备好这样做了，自然就是负责任的人，也有好品格。如果此刻的你就是这么做的，请继续阅读本书的第二部分。你将学习如何使用负责任的十个承诺改变工作环境。

充分理解个人层面的责任很重要，为此我开发了一个"责任制度自检™"个人版。使用这个简易的工具，你可以看到自己目前最大的谎言是什么，需要改善的地方在哪里。你可以免费检测自己的个人责任感。

第二部分

工作中的责任感

第十四章　领导者的承诺

在本书第一部分中，我们探讨了个人层面的责任感。在第二部分，我们要了解一下工作中的责任感。

在工作中，责任感总是从团队或者公司领导延伸到每个成员的，不会反过来。如果你想知道如何创建负责任的工作氛围和文化，我来告诉你：**这取决于领导者在生活中逐一实践本书第一部分的十个承诺的程度，还有以此做出表率的程度。**具体来说，为了能有一个负责任的工作氛围，领导者需要做出十个正确的选择——选择做出负责任的十个承诺。除了在自己的生活中做出承诺，在工作关系中也要完整地体现这些承诺。

承诺 1：**承诺探索和发掘自己的潜力，也如此帮助别人。**负责任的领导会做出选择，承诺引领自己的团队探索他们的最大潜力，甚至更进一步，引领公司里的每一个人这样做。他们也知道，如果自己不做出同样的承诺，就不能说服别人。

承诺 2:　**承诺真实。**负责任的领导不论面对团队、同事、顾客，还是其他合作方，他们在人际关系中都承诺表现出真实，也崇尚真实。他们知道如果不在自己的生活中承诺真实，就不可能在工作做出这个承诺。

承诺 3:　**承诺最有价值的事。**负责任的领导知道对自己最有价值的事。他们按照个人价值做事。他们也坚信公司的价值，持续用行动确保个人价值与公司价值一致。这里的关键词是"持续"。很多时候，坐在领导位子上的人以为自己在倡导某种价值，但是其实他们没有，他们没有承诺"无论如何"都这样做。公司价值与政策不同，公司价值不会因为人和境况改变。因为你说这是最有价值的，那就要有行动！

承诺 4:　**承诺"这取决于我们"。**负责任的领导知道要想在工作中成功，与在生活的其他方面一样，都离不开优质的人际关系。他们知道自己的目标，也愿意与下属乃至整个公司分享这个比自身更伟大的目标。负责任的领导按照这个原则生活："除非你成功，否则我也没有成功可言；但是如果你失败了，我也就失败了。"

承诺 5： **承诺如同对待机遇和成功一样对待错误与失败。**负责任的领导知道自己的缺点和不足，也知道不计较他人的缺点和不足的方法和时机。他们专注于他人的强项和成就，而不是他们的软弱之处。

承诺 6： **承诺遵循健全的财务原则。**除了善于打理自己的财产以外，负责任的领导知道团队也离不开健全的财务原则，否则不论是短期的目标还是长期的目标都难以实现。

承诺 7： **承诺创建安全环境。**负责任的领导知道，他们在自己的环境许可的，就是他们认可的。他们会保证与其有私交的人和有工作关系的人在生理、情绪、心理上都是安全的，也是远离伤害的。

承诺 8： **承诺"言出必行"。**负责任的领导不但遵守那些说过的和写下来的承诺，而且在没有人看见的时候也做正确的事情。其实，就算他们知道没人会看，也会做正确的事情！

承诺 9： **承诺在最黑暗的时刻依然坚强站立。**负责任的领导知道工作中会发生危机和困难。他们承诺在发生这种事情的时候帮助跟随自己的人。一旦人们知道你会在背后支持他们，你的工作关系会变得更牢固，更有意义。

承诺 10: **承诺好名声。**负责任的领导发现这些承诺是相互交织的。他们知道只要坚持履行全部承诺，自然收获好名声（个人、团队、公司都有良好的口碑），而且流芳百世（留下能抗衡时光冲刷的社会贡献）。

除此以外，负责任的领导相信每一位团队成员都能做出同样的承诺——领导亲身示范的力量可以激励他们做到。这种示范可以建立负责任的团队——领导激励他人在每一天的生活中做出同样的承诺。工作中的责任是这样发挥作用的：选择按照十个承诺生活，在自己的生活中投入石头，负起责任；在与人交往的过程中履行承诺（涟漪的第一环），然后激励他们在工作中做出相同的承诺（涟漪的第二环）。负责任的领导就是这个样子。

> **责任原则 22：**
> 只要谨守负责任的十个承诺并且在生活中践行，就算你不是名义上的领导，也能发挥出领导的实际作用。

如果你恰好不是身居领导岗位的，其他员工的绩效也不在你的职权范畴里，本书的这一部分正适合你。为什么呢？因为不论你是否带领团队，如果你谨守负责任的十个承诺，职业生涯都会变得更充实，更有意义。你的压力会变小，产能会增加。工作和生活的满意度会提高。你的职业前景也会更广阔，因为他人认为由你担任领导一职才合理，如此种种不胜枚举。

如果你恰好是公司或者团队的领导，下属的绩效会影响你的薪水和你在公司的地位，那你一定会对本书的这一部分感兴趣。为什么呢？因为若想提高团队的绩效，优化自己的履历，助力职业发展，提高个人成就感，让你的公司加速走向成功，最有效、快捷的方式就是你自己成为一个真正负责任的领导。

在这里，我要把负责任的惊人真相告诉你。不论你在公司的头衔和岗位是什么，这个真相都会对你产生影响，而且影响会一直持续下去。真相就是：**领导不都是负责任的人，有的领导无论发生什么事情都不会负责任。**

领导基本上有三种类型。第一类是负责任的领导，他们忠于职守，为自己的下属承担责任。不论这些领导是否用同样的说法指代我讲的十个承诺，他们都凭直觉接受了这些承诺，也按照这些承诺来生活。他们这样做，是因为他们相信这些承诺的功效。因为他们知道自上而下的重要性，所以总是希望能树立正确的榜样。他们从不假设自己什么都知道，反而坚持终身学习。他们急切地寻找应该更加负责任的地方，以便加以改善。请注意，**负责任的领导从不把负责任想象成已经做到的事情。**他们的学习曲线会贯穿一生的时间。

领导不都是负责任的人，有的领导无论发生什么事情都不会负责任。

第二类领导认为自己在按照责任感工作和生活，但是他们还不完全明白责任制的做法。他们可能知道其中一些承诺，但是不知道建立和扩大负责任的团队、办公环境、公司，就应该先从个人层面兑现这些承诺。结果，团队感觉不到被激励，他们也没有一个可以学习和效仿的榜样。这一类领导还没有想明白自己就是问题所在。直到他们头脑中灵光一闪，意识到责任感的实际用法，开始从自己身上寻找可能性，也开始考虑自己要履行的承诺。这时他们就踏入了第一类领导的行列。

第三类领导纯粹不在乎这些，头上顶着"不听我的就辞职离开"的帽子。他们不在乎承诺，对成为负责任的人不感兴趣，对能让自己负责任的事情也不感兴趣。这种人不但是没有长进的领导，也是没有长进的人。他们关心的只是最基本的事情，而不是下属本身。你很可能听到他们说"我是不对人的，只是对事而已"。

之后的内容会告诉你，在这三类领导的手下工作分别是什么样子，因为这些内容可以帮助你成为更优秀、更有成就、更快乐的人，也可以帮助你从与上级的关系中收获更多，没错，即使领导你的是第三类领导。

如果你是第一类或第二类领导，下面的内容可以帮助你从与团队和同事的关系中收获更多，也会帮助你成为更优秀、更有成就、更快乐的人。

如果你就是第三类领导，也不打算有任何改变，我也没有什么可以教你的。你可以把这本书送给别人了。

只有领导先做出这十个承诺，工作才会发生转变。责任的承诺是最深刻的承诺，因为它们是对另一个人做出的，这也是承诺的意义所在。

这十个承诺最先探讨的是工作中的人，最看重的是同事之间的关系。它们反映了你的信念和愿意采取的行动。它们向他人传达"我这样待人，因为相信自己在做正确的事"。正是这种态度把经理人和领导区分出来。二者一个是在管理事务，一个是在引领别人——让领导力涌现出来的就是履行十个承诺。

运用这十个承诺吧，让你高度专注在自己对团队的承诺上。记住，做出其中一个承诺不能说明你掌握了其他九个。它们都需要你不断付出努力。

第十五章　承诺探索和发掘自己的潜力，
也如此帮助别人

一段时间之前，我在《圣路易斯邮报》上读到一篇文章。文章在介绍一位名字叫泰勒·奥尼尔（Tyler O'Neill）的年轻加拿大籍外场手，他是圣路易红雀队（St. Louis Cardinal）最热门的新秀。文章最后引用的他本人的话让我大吃一惊，因为这句话让我直接想到了第一个承诺。这个承诺正是成为职场中负责任的领导的关键。

奥尼尔说："我总是会更进一步，发现自己的潜力。一切都离不开这件事儿，不是吗？早晨起来，我就想要变得更优秀。出门赶车是为了变得更优秀，我想要成为更优秀的队友，我想要成为更优秀的棒球手，各个方面我都要变得更优秀。"

这位年轻选手自己可能还没有发现，他除了让球迷们知道了自己在春季训练中的想法，还给我们上了一堂关于负责任的领导力的重要课程。请注意！奥尼尔没有跟别人比较，也没有找借口，更没有谈及任何超出他自己控制的东西。他展现了自己真正的关注点：自我提升，充分利用自身潜力。还要注意另一件事，他希望变得更优秀的原因是成为更优秀的队友。

这一点极为重要。原因在于：我们探讨的这个人既没有俱乐部的正式授权，其他球员表现如何也与他无关。他不是球队的总经理，不是球队的教练，也不是队长，但他依然在尝试建立团队。不论奥尼尔在组织架构中的位置是什么，他都扮演了"好队友"的重要角色——他每一次穿上队服的时候，都会努力把这个角色表现得更好。

请你停在这里，思考一下"成为更好的队友"在工作层面的含义。"好队友"意味着你需要分享信息、心得，并且以行动支持整个团队，帮助团队里的其他人。

> **责任原则 23：**
> 负责任的团队成员会分享信息、心得，并且以行动支持整个团队，帮助团队里的其他人。

这种行为听起来是这样的："你知道吗？我在小联盟

提高自身水平对于个人的表现和球队的表现同样重要。

比赛中对阵某某人好几次，如果他要在传一垒时把人传杀出局，出手之前右手会做一个小动作。明天比赛里我们遇到他需要小心。"或者："上次那个一垒手试图把我引开，然后使出藏球技巧，别让他对你使出这招。"又或者："我发现另一队的捕手有个习惯，在未能接捕第三个好球时不会直接把球投向一垒。如果你在击中后沿着内场疯狂跑垒，还是有可能上垒的。"（无论你是否了解棒球运动，这几个例子的普遍含义都是尽可能发挥自己的作用，明白自己可以给团队带来多大帮助和价值）

这些像奥尼尔一样分享经验的球员，对团队的成功可能有重要的贡献。你在场外也同样可以在情感上支持和帮助队友。在场上出色的发挥当然会更有效。重点是：对于一个出色的棒球选手而言，提高自身水平对于个人的表现和球队的表现同样重要。这一点不只适用于球场，同样适用于我们从事的工作。

前面说到报纸上引用奥尼尔的话，

他提到了我们都应该问自己一个重要问题：我该怎么做才能成为更好的队友？我该怎么做才能更好地扮演自己的角色？

这种双重的焦点是至关重要的，有追求的棒球选手要学习，每一个希望事业和生活成功的人也应该学习。如果我们是负责任的人，一旦加入团队，都一定会努力做最好的自己，同时也努力帮助他人把最大的能力发挥出来。这是一个核心原理，只要团队的人能完全明白并且实施出来，在工作中实行负责任的其他九个承诺就容易了。这也是我愿意在这里多花一点时间的原因。

> **责任原则 24：**
> 负责任的领导不只努力自我成长，他们还努力帮助培养周围的人。

一个领导的重要特质就是能在个人成长和开发团队成员潜力上做出承诺。我遇到过的每个负责任的领导都把这个承诺当作他们每天最优先的事情。他们总是想着："我如何可以更好？"但是不是为了他们自己，而是**为了团队的成长**。负责任的领导会跟每一个共事的人说明白，大家的目标都应该是发挥各自最大的潜力，而不是说"都怪他们"。这些领导希望自己做得更好，这样他们才能帮助下属发掘各自的潜力。

思考一下，如果一个领导在工作当中不努力发挥出自己最大的潜力，也不发挥出团队的潜力，他怎么可能期待团队成员展现最好的一面？

我发现，在工作当中最负责任、最高效的领导都具备泰勒·奥尼尔的这种思维方式："发掘自身潜力，因为这能决定一切。"他们每天早晨起来就希望可以更好。走进办公室，希望工作做得更好。还有最重要的一件事，这些领导每天都会激励他人尽可能达到最高水平，尤其是他们手下的员工！

这些领导知道，他们工作的核心职能是帮助整个团队发现潜力的极限，并且激励、带领他们朝着这个方向成长。这比单纯发现一个人擅长的事情，然后把他安排在相应岗位上走得更远。发现别人的潜能是看到一个人以后可以在哪方面成就非凡，达到其他人难以企及的水平，甚至超过了他本人的想象，然后带领他们向着这个方向前进。

不断这样做的领导就归入了我之前说的第一种类型当中。经常这样做的和从来不这样做的领导分别属于第二类和第三类。帮助别人界定真正有能力达到的成就并不容易，激励他们成长、引导他们采取必要行动，激发潜力也不容易。这些都需要花时间、精力，都需要努力和坚持。但是这种投入会带来无与伦比的竞争优势——一支有责任心、有凝聚力的团队。

责任原则 25：
负责任的领导帮助别人界定真正有能力达到的成就。

责任原则 26：
如果你对他人的了解太少，还不足以讨论人生的目标和理想，你也不可能帮助对方成为最好的自己。

如果你对他人的了解太少，还不足以讨论人生的目标和理想，你当然也不可能帮助对方成为最好的自己。如果你是领导，而且已经做出了负责任的第一个承诺，那么你必然也已经做了了解团队中每一个人的承诺。如果你还不知道某个人希望在人生中有什么成就，不知道对方个人或者家庭正在或者将要经历什么重大事件，不完全了解他的性格，去了解一下吧。

工作中负责任的领导总是先审视自己，这是他们不懈努力建立和拓展团队能力的重要一环。他们希望把发掘潜力、成为最好的自己的承诺坚持到底！他们总是希望能够从身边的人，或者其他人那里听到如何变得更好的建议。就像泰勒·奥尼尔一样，他们把自己和团队未来的成长融为一体，他们的目标是同时将二者最大化。

泰勒·奥尼尔必须成为大联盟棒球巨星才算成功吗？我认为不是。要我说，若在对他真正重要的领域尽最大的能力做出贡献，然后帮助别人也做出贡献，他才算是取得了成功。这才是人生的意义，这才是成功，这也是在按照负责任的第一个承诺生活。

说到不偏不倚又全然投身于个人和下属的成长和发展的领导，我最喜爱的一个例子是篮球界的传奇球员和教练约翰·伍登（John Wooden）。他率领的加州大学洛杉矶分校熊队（UCLA Bruins）曾在12年中10次获全美大学冠军，其中有7次是蝉联冠军。伍登还是第一个分别以球员的身份（1960年）和教练的身份（1973年）入选篮球名人堂的人。简单说来，他是责任制度的典范。他充分诠释了界定、追求并实现最大限度地把自己和身边的人的潜力发挥出来的承诺。这实际上也是能最快、最容易地把负责任的领导从其他人中区分出来的承诺。还有一件事可能值得一提，在结束了教练生涯之后，伍登写了不少有关领导力和团队建设的书，这些书都是围绕着第一个承诺。我由衷推荐他的著作。在我们继续阅读其他九个承诺如何在职场中发挥作用之前，我还想要分享伍登的三句名言。这三句名言在我看来是最重要的，它们都阐释了负责任的第一个承诺。

"失败不是致命的，但无法改变却可能是致命的。"

伍登用有力的言辞论证了一点，面对生活的瞬息万变、难以预测，不断培养开发才华、潜能和能力是最好的对策，这些才是最有保障的。如果把超越曾经以为的极限变成习惯，你（还有你的团队）在应对市场、技术、经济趋势改变的时候，就已经处于有利位置了。这是极大的竞争优势。

"我不相信祈求胜利的祷告。我想听到的赛前祷告词是不要有人受伤，还有你以全部的个人实力参与比赛。"

伍登教练提到他（平时的做法就是）从来不因为输掉比赛指责人或者球队，很多人对此都感到很吃惊。他关心的不是输赢，真正关心的不是最后的分数。然而如果他发现你在比赛或者训练中的水平低于你的实力，就会直接跑来不留情面地与你对质！

"人们跑来问我，'那些进入职业比赛的球员是否让你感到骄傲'？是的，但并不比其他为我效力的人更强，他们虽然没有打职业棒球，但是他们战胜了自我。"

伍登教练在乎的是人类的发展，而不只是篮球运动员。同样，负责任的领导致力于培养的是团队中的人，而不是雇员。这是难以估量的竞争优势，也是创造职场文化的关键，把你的公司变成"人们理想中的工作地点"。

第十六章　承诺真实

　　如果你希望公司高产，团队高速运转，就必须让跟你一起工作的人相信你所说的话。如果他们不信，在你不敢指望他们完成工作的时候，你也不要感到意外。

　　在工作中谨守负责任的第二个承诺意味着不夸大其词，也不含糊其词。有不知道的事情也不假装知道。因为对重要的信息有所保留和说谎是没有区别的！如果你不知道答案，直说就好。如果你知道答案是什么，但是你担心这个答案不受人欢迎，那就想个稳妥的表达方式。

　　做出这个承诺也意味着否定没有根据的假想。身为一个负责任的人，如果你的话中存在对他人能力和贡献的偏见，还有对种族、社会地位、教育、穿着、性别等的刻板印象导致的误解，就必须从事实出发加以纠正。不要让那些流于表面的谎言左右你的预期和你对他人的看法！

谨守负责任的第二个承诺，归根结底是不自欺欺人。承认真正会发生的事情，然后寻求解决之道。事实与视角无关。如果我们假装只是视角不同，在他人假装是视角不同的时候，也保持沉默，那么我们就有麻烦了。

一定存在真相。事情不是发生了，就是没有发生。我们不是做了什么事，就是没有做。人对自己行为的解释要么成立，要么不成立。我们不是在这里讨论哲学。在工作（和其他各种）关系中，我们有责任从客观现实出发。我们不能通过奇思妙想、法律规定、某个委员会来决定真相是什么。我们认定是有客观真相存在的，只要一起努力就可以发现真相。

离开了真相，你无法建立责任。谎言和责任永远不会共存。谎言与欺骗是灰色的——变来变去，经不起检验。真相非黑即白——可以被客观地证明。

> 责任原则 27：
> 谎言和责任永远不会共存。

说谎和欺骗有什么不一样？说谎是人在试图保护自己；欺骗是为了能操控别人，给自己带来好处。欺骗比说谎更进一步，欺骗是刻意发布错误信息以达到操控他人的效果。欺骗是有预谋的，精心策划并怀着恶意实施的。我们都有义务发现欺骗行为，一旦有这样的行为就要指出来。我们所负的责任是核实并指出不真实的事情和欺骗的行为。负责任的领导不偏离事实，不会让他人怀疑他们是否夸大其词。他们与团队之间的关系是建立在绝对诚实的沟通之上。仅此而已。顺便一提，想起一件事，或者对某事有个想法，或者相信一件事是真的，都不会把它变成现实。我们在工作中一切都需要从事实出发！领导的职责是确认真实发生的事情是什么，不论它与我们的想象是否一致，也不论我们是否希望它发生。

你把人际关系建立在真实的基础上的时候，你就是负责任的领导，也是靠得住的领导。团队知道领导说的是可信的，他们也相应地愿意成为负责任的人。我们在工作中应该树立典范，大力扶持这种人际关系。

第十七章　承诺最有价值的事

对个人最有价值的和对公司最有价值的应该一致。当二者一致的时候，团队成员才会认同公司的价值，也才会遵照执行。公司的价值要与人们的四个方面的行为相结合。我们在第一部分简单地提到了这四个方面，现在是加深对它们的理解的时候了：

1. **基础价值：**公司最看重的是什么，这是公司的基本特质。

2. **人际价值：**如何对待公司内部和公司以外的人，如何搭建关系。

3. **职业价值：**公司期待达到的业绩和卓越程度是什么。

4. **社会价值：**公司如何看待所处的社会，如何参与其中，如何有益于这个社会。

公司的价值可以涵盖这四个方面，也可以只包含其中一个方面。比如重视正直就很容易与这四个方面联系到一起。它可以界定你是什么样的人，可以规范你与公司内外的人的互动行为，可以成为考核你完成工作的重要标准，还可以塑造你和公司的社会行为。重视这个价值说明你和公司都是公开透明、诚实、讲道德的，也是公平的。一个词到底包含了哪些价值取决于你自己，也取决于你如何表述这个词的含义。

与此相反，成本意识这样的价值观将与您的职业价值观最为相关，并且很可能会受到其他价值观和论述方式的支持。重视**成本意识**说明你和公司在履行工作职责的时候关注的是做出健全的财务选择。

总体而言，如果你希望有好的价值体系和负责任的工作文化，就必须找到可以把四个方面都涵盖的词。如果你忽略了其中一个或者多个方面，体现在工作文化上，就会有不足之处，最终也会反映在责任上。

这里我要指出一点，单纯罗列出一个"关键词"清单然后找地方贴出来是不够的。不同的人对于所列出的词的实际理解是不一样的。领导者必须明确地写出这些词语的含义，让别人可以格外清楚地知道，这家公司在使用这些词的时候到底在表达什么意思，也通过解释让大家知道该如何在工作中展现这些价值。除此以外，领导者需要亲自示范并不断进行对话，让他人明白什么样的行为和决策有助于体现价值，什么样的行为和决策不能。一旦有新人加入，你需要把那些不能认同或者不愿意接受这些价值的人筛查出来。这件事只依靠人事部门来做是不够的，高层领导必须参与进来，而且要经常这样做。有一个可行方案可供参考，可以请首席执行官、创始人、主席每月围绕这些价值举行线上或者线下的研讨会，用自身的事例和心得讲解在工作中展现价值的最好方法。这种方法的优势在于领导可以认识每一个员工，彼此建立深厚的私交。其中的重要性就不需要我再多说了。

有一位我很欣赏的总裁，他曾经对我说："我告诉你一个小秘密。我们可以成功的原因其实很简单，人们不是在为公司工作，他们是在为我工作。"他在说这话的时候笑得很灿烂。他也的确应该开心。请注意，他没有说每个员工都是他的直接下属，不然肯定会坏事的。但是每个团队成员都与公司的领导互相认识的时候，奇妙的事情就会发生。这种关系能让责任更牢固。负责任的领导

每个团队成员都与公司的领导相互认识的时候，奇妙的事情就会发生。

在想办法认识每一个团队成员的时候，传达出的信息是他们在乎人际关系的质量，这时人们开始为这位领导者工作。一旦你在公司中营造了这种氛围，让团队开始为领导工作，他们也会备受鼓励，愿意成为最好的自己，也愿意成为负责任的人。当然，如果领导自己都不努力做有价值的事，自然也不能指望公司里的人会努力这样做了！认为公司太大了做不到的想法也是个陷阱，不要掉进去。我见过这样的公司，17000名员工都觉得被尊重，都与总裁有互动，都忠心工作。这是可以做到的。

用你的公司价值判断标准回答这个问题："这家公司如何做事？"价值驱动行为的程度要看人们是否感受到了领导在用行动帮助和保护他们。如果价值标准只是写在横幅标语上，那对行为的影响是微乎其微的。如果你大谈正直，但是不兑现在团队面前许下的诺言，这个价值标准很难在公司里扎根。你必须主动捍卫公司的价值标准！

责任原则 28：
用你的公司价值判断标准回答一个问题："这家公司如何做事？"

如何捍卫公司价值？在一开始的时候，就把你捍卫的

价值当作工作关系的基石，除了要树立
"在公司这样做事"的观念，还要树立"我
们这样彼此相处"的观念。

你要充分说明什么是最有价值的，
也做好了示范，确定他人都学会了。做
到这一点之后，发现有人明显地忽视了
这些价值的时候，你就要快速、准确地
应对。一开始，你要通过纠正他们的行
为来捍卫价值。一段时间之后，如果他
们不能接受这些价值，你需要做出必要
的人事变动，调换他们的工作岗位。这
与他们的职务和业绩无关。如果你真的
要捍卫价值和文化就必须让他们离开。
不然你也没有展现应有的价值，或者说
这些对你而言也不是最有价值的。

很多参与过我的培训的领导告诉我，
他们不敢走这一步，因为他们担忧失去
业绩冠军，又有可能找不到填补空缺的
人。这个论点有瑕疵，如果每天都履行
负责任的十个承诺，足以把公司变成"人
们理想中的工作地点"。成为"人们理
想中的工作地点"的妙处在于不论人才

永远不要让
需要从头学
习如何按照
公司价值做
事的人成为
领导。

市场如何，你都可以吸引最有才华的人。捍卫公司价值是成为"人们理想中的工作地点"的关键！

我在公开讲座上问过一群领导，"在座的人中有多少做出过这种艰难的决定，处理过不按照公司价值做事的人？"很多人举手，然后我问，"在你让这些人离开之后，公司里问你'为什么你花了那么长时间才做出这样的决定？'的人又有多少？"刚刚举过手的人都再次举手了！这是特别值得思考的现象。

底线很清楚，不按照公司价值做事的人不能留下，仅此而已。顺带一提，如果你已经开始留心这个问题，公司的继任计划就已经完成一大半了！如果公司总裁不幸被公交车撞了，接手工作的内部人员可以像是计划好的一样，已经明白公司的价值，并遵照执行。这样也减少了外部招聘的需求。永远不要让需要从头学习如何按照公司价值工作的人成为领导。

> **责任原则 29：**
> 不按照公司价值工作的人不能留下。

如果领导者宣扬并主动捍卫公司的价值，就说明了在塑造企业文化的过程中，价值宣扬与领导向团队做出的承诺是一致的。例如，注重公开透明的价值与承诺真实是一致的。那么一家公司是不是展现了这个价值呢？你自己也应该提出这样的问题："我们的公司在哪里展现了这个价值？"也应该能立刻明确地举例说明。如果你很难给出一个令人满意的回答，就说明这个价值没有被展现出来，你还需要继续努力！

企业价值的妙处在于，工作中最有价值的事即使不讲出来，也化作了每天的实际行动，团队也会捍卫它。在遇到员工手册没有涉及的具体状况，它也会指导团队该如何做事。毕竟这样的事情每时每刻都会发生。环境会不断改变，而且通常难以提前预料。有价值的事却不会改变！

环境会不断改变，但是有价值的事永远不变。

我最欣赏的公司是总部位于得克萨斯州阿马里洛市的海佩州银行（Happy State Bank 我在《没有妥协》一书中讲的就是这家银行）。他们的企业价值里有一条，其中说到了这些要点："服务顾客是唯一的目标。多走一里路，默默努力。百分百地付出。总要微笑着向顾客问好。"白纸黑字看着很棒，实际操作如何呢？让我来告诉你。这家银行对外公布的关门时间是下午四点，但是实际上他们平时会比这个时间再晚半个小时关门。为什么呢？因为银行高层知道赶来办理业务的人有可能会晚几分钟，要是空跑一趟多令人沮丧！这是一个特别好的提醒！这种政策的直接效果就是银行员工都知道"多走一里路"和"默默努力"到底意味着什么了。除此以外每天还有更多的大事小情，让他们明白高层对"服务顾客是唯一的目标"的定义。在被问到哪里展现了公司价值的问题的时候，他们不会找不到例子！

在翻到下一章之前，请允许我讲最后一个有关公司价值的想法。很多公司倾向于给展现公司价值的人发年终奖，这是个巨大的失误。因为这样是在告诉员工，最有价值的是一种特定的行为，没有其他可能性，而且罕见到了一旦发生就值得庆祝一番。你不会希望人们用这种方式解读公司的价值。即使你要发奖，也应该发给那些在某一方面的表现超过了应尽的职责的人。表彰那些非常好地践行价值观的个体。你可以在公司里分享这种成功的故事，作为别人可以模仿的范例，但是不要随意颁发年度员工奖。因为所有员工每天都应该做最有价值的事。

第十八章　承诺"这取决于我们"

前不久，我们给两岁的孙女索菲举办生日聚会。我不经意间学到了给公司领导的重要一课。

当时小寿星索菲坐在桌子的上首，她恰好注意到外婆就坐在自己右手边。她发现这一点之后笑着伸出手来，握住了外婆的手。她的外婆也欣然拉着她的手一起过生日。

就在这时，索菲把头转向桌子的另一边，看见祖母坐在左手边！我可以看得出她两岁的头脑在飞速运转。她注意到自己已经伸手向外婆传递了爱意，但是不想祖母被冷落。所以她是怎么做的呢？她立即想到有可能伤害祖母的感情，于是就伸出了另一只手。当然，她的祖母也乐于回应这个爱和关怀的动作。索菲想寻找一种同时连接两个人的方式，而且找到了。

公司领导能从中学习到什么呢？我希望你一眼就能看出来。但是如果没有，请注意，索菲没有表现出任何偏爱。她明确表达了用同样的爱和尊重对待两个人。这是不是很了不起？我们不是应该学习这个榜样吗？

帕特·希克曼（Pat Hickman）是得克萨斯州阿马里洛市海佩州银行的总裁。有一次我们聊到他的公司，他说："人生是不公平的，但是在公司的四面围墙里最好能有公平！"

他的观点至关重要。你不能也不应该在工作中表现出偏爱，不能在团队中厚此薄彼。你应该努力做到平等对待所有人。人际关系需要维护，更何况能在工作中发挥作用的关系，你最好不要偏心。

小孩子都能立刻发现你对待一个人与对待他人不同，人们也能立刻发现团队领导在厚此薄彼。如果领导把最好的任务给一个人，把其他的破活丢给另一个职务和能力相仿的人，经过多长时间他人才能发现这一点并产生怨气？

不会太长！

如果你因为他人的外表、过去就读的学校、裙子的长度或者其他原因而加以区别对待，你就有麻烦了。你不能这样做，努力不偏不倚的背后就是我讲的承诺"这取决于我们"。杰出的领导之所以是负责任的人，是因为他们看重这个承诺。

如果你欣赏自己部门的一个人明显超过其他人，那你没有做到"这取决于我们"，你的团队也会出现严重问题。

只要关系中有了偏袒，你就损害了团队。你抹杀了公平，也抹杀了团队接受责任的可能性，因为你没有在他人面前展现出责任感！

索菲在自己的生日聚会上明白了这一点，我认为从事任何工作的领导都应该明白这一点！

只有领导自己承诺"这取决于我们"，他们的态度才是"我们一路同行，一起走向成功，一起经历失败"。

责任原则 30:
我们一路同行，一起走向成功，一起经历失败。

在工作中，我们应默认每个人都能做出贡献，每个人都有障碍需要跨越。如果一个人气色好，整体的精神面貌都会改善，反过来也是一样的。我们是以一个整体前进的，不是一个人。杰出的领导明白这一点，他们总是做好准备，参与超越了个体的、更大的蓝图。他们坚持承诺"这取决于我们"。负责任的领导会及时把成功的荣誉归于跟随他们的团队。在下属受挫的时候，他们站出来承担责任。这样一来，团队就知道他们跟随的是负责任的领导。

第十九章　承诺如同对待机遇和成功一样 对待错误与失败

人都会有强项和弱项。如果你是负责任的人，就会承认自己也是一样的。可以说，你知道自己在工作中会有闪光的时候，也知道自己会有力所不及的时候。你不会只在早晨照镜子审视自己的时候才承认这一点，你在与同事相处的时候，也会承认这是个社会现实。换言之，你应该欣然地（但不是傲慢地）表达自己拥有的长处，也向同事坦陈自己的不足之处。简单地说：一旦你搞砸了，就是你的错。

这件事对做领导的人而言很难，但绝对是你维持一种负责任的公司文化的关键。你想要的工作氛围是人们能勇敢站出来说："嘿，我们有麻烦了，是我的疏忽。"能长期让人们这样说而不感到恐惧的方法只有一个，就是领导也能开诚布公地讲自己没有达成的目标。

如果领导的指导原则是"我是超人，纵身一跃就能跳过高楼大厦，而那些试图提出不同建议的人要倒霉了"，这会在企业文化中表现出来。整个团队都会或多或少习得类似的态度。公开承认自己有不足、会犯错、不完美、随时可能做出错误的判断，这在某些人看来原本就是不合宜的。如果他们看见过别人因为搞砸了而承受领导的怒火，或者职业发展因此受到不利影响，公开承认不足和错误就更难了！

思考一下，如果你是领导，你发现潜在的问题，会影响客户、团队、合作方的体验甚至公司安全，你希望什么时候厘清问题？是一线员工一发现问题就解决，而且越快越好，还是等几周、几个月之后（可能发生灾难），全线开始受到冲击的时候？

对于负责任的领导而言，答案当然只有一个，"我希望立即知道"，可以确保你立刻找出问题的唯一方法，就是如同对待机遇和成功一样对待错误与失败。

负责任的领导希望立刻了解有可能危及公司的麻烦。

你在建立团队的时候就应该给他们清晰的指导，在什么情况下他们有权自己做决定，在什么情况下他们无权这样做。一旦这个界限清晰了，身为领导的你要履行的职责只有鼓励失败的人总结教训，直到他们取得成功为止。顺带一提，失败原本就是经验教训。如果你一直把团队想象成完美的，会有（可能不止一个）沉痛的教训在不远处等着你呢！你如果允许他人自己做决定，就意味着允许对方犯错误。请接受这个事实。

责任原则 31：
你如果允许他人自己做决定，就意味着允许对方犯错误。请接受这个事实。

你可能看过电影《阿波罗 13 号》。如果你已经看过，大概还记得那句经典台词——"永不言败"。这句话其实不够确切。我认为（埃德·哈里斯饰演的）总指挥想要说的是"不能让任务失败"。这样听起来更像是领导在调整视角。听起来更像是领导给所有下属设立正确的目标，然后用恰当的语气把任务的紧迫性传达出来。

如果你停下来思考影片里发生的故事，就会发现他们一路上有各种小的失误：看错仪表的读数，不准确的预测，没有追踪必要的信息，低效的沟通，等等。工作中不但会有小的失误，而且这是不断上演的事实（危机中更是如此）。如果你暗示自己从不犯错，并试图禁止小的失误，就是在毒害工作环境。杰出的领导会调整视角和任务，然后预测一路上不可避免的小失误，把它们纳入个人和团队整体的知识、经验储备中。请注意，埃德·哈里斯扮演的角色根本没有时间责备犯错误的人！他关注的只有吸取教训和了解真实发生的事情，还有下一步必须做什么团队才能成功完成任务。

责任原则 32：

别在责备犯错误的人上浪费时间，也别假装自己从不犯错。吸取教训也要开心，然后关注下一步需要做什么。

第二十章　承诺遵循健全的财务原则

经常有领导说，希望团队对待公司资源如同对待他们自己的资源，做出财务决定（尤其是涉及重要资源的决定）的时候，最好把公司当作他们自己的。这样做有个麻烦：有些领导让整件事变得很难处理。

在前面个人责任的部分，我们探讨了在金钱方面制订量入为出的计划的重要性。换作在公司里，同样的基本原则也适用，可能换个名字更合适：进行最合理的投资。

> **责任原则 33：**
> 进行最合理的投资——有益于整个公司的投资，不能只是有益于其中任何一个方面。

"最合理的投资"简单地说就是在对公司最有利的地方投资。负责任的领导忠心管理公司的各种物资、经费等。评估投资效率、考核投资收益、设计决策流程的方法显然数不胜数。但是最终，我们真正要探讨的是公司上到高层下到每个人，是否都愿意做出承诺，成为高效的管家。我们要探讨的是许下诺言说："我会尽力制订最好的计划，配置公司资源，把公司的利益视为一个整体来考量。"

要知道这个要求是很高的。领导通常不会这样做。但是不这样做，员工和领导甚至整个公司之间的关系就会变得紧张。

我来给你举一个投资不合理的例子。假设你原本是财务部门的，然后做到了财务副总裁，最后升任了公司总裁。由于这样的职业经历，在你以总裁的身份决定投入经费和资源的时候可能会有偏爱。当然这不是必然的，只是一种**可能性**。但是你在做预算的时候**依然有可能**照顾财务主管多过其他部门主管，比如说销售主管。这是可能发生的问题。在安排预算的时候，你应该有意识地努力从不同的角度出发平衡每个团队，综合考虑公司的整体发展。如果在讨论和做决定的过程中你一定要有所**倾斜**，最好保障给销售团队的投入比你原本打算分配的再多一些。

即使解决了资源的问题，你依然面临观念上的问题。公司内部的人需要明白，不是以为，而是确实明白，你在分配资源的时候愿意广开言路，听取来自不同部门的观点，不像大家以为的那样，让之前所在的财务部门说了算。

你带领一个团队或者公司的时候，就是在带领其中的每一个人。你带领的公司也不止一个团队或者一个部门，而是整个企业！在制订财务计划（或者配置其他诸如场地和设备等重要资源）的时候，如果你没有努力成为好管家，并且着眼于实现**每个人**的最大利益，就会导致你们之间的关系疏离，也削弱工作中的责任感。如果你是领导，责任中的这块短板迟早会让你后悔，因为它会损害公司文化。你在健全的财务原则上的努力，除了积极影响公司外在的业绩表现，还能让团队知道，你在乎他们的长远利益。这样做可以强化同事关系，也可以塑造良好的办公文化。

> 你带领一个团队或者公司的时候，就是在带领其中的每一个人。

第二十一章　承诺创建安全环境

企业领导们听我讲这个承诺的时候，通常会以为我在说外在环境的安全。外在环境是最基本的。

其中最重要的一个方面是领导应承诺，确保每个人感觉安全，可以自由地分享心得和观点，不论是供职多年的员工还是昨天入职的。团队成员必须感觉完全安全，自由表达想法、观念和心得。这个过程里没有丝毫的相互指责。

假如你刚刚聘用的员工特别懂得目标买家思考问题的方式——因为她就是买家。如果你是团队领导，这些信息是不是你最想听到的？你的职责不就是确保团队每个人——从菜鸟到销售冠军，还有中间的每一个——分享这些的时候不会感到不安吗？

你会定期把团队召集起来交流想法吗？如果有人是最

近入职公司的，或者在公司的人事架构中位置不是"很高"，在他分享观点或者经历时，你是什么反应？你会想办法强调并赞赏菜鸟做出的贡献吗？你会保证每个人都有发言权吗？如果他们的观点与你不同，他们可以表示怀疑吗？如果他们这样做，你会赞赏他们吗？如果你不会，那就是没有营造安全的工作环境。

> **责任原则 34：**
> 如果他人不能提出与领导不同的观点，说明他们没有在安全的环境里工作。

我的一个客户最近给公司里每个员工做了测评。他们发现维护主管在战略思维方面得分最高。你能猜到他们做了什么吗？对，他们让这个人加入了战略规划委员会！就是这种调动告诉公司里的每个人：**我们希望聆听你的心声，我们尊重你的想法，你在这里也有一席之地。**

从打高尔夫学会的

这是我妻子勒妮告诉我的真实故事。她还是小女孩的时候，父亲带她去学打高尔夫。她好奇心很强，又是第一次去，于是内心充满了疑问。她父亲也知无不言予以解答。但是在球局开始，父亲准备挥杆的时候，她又问了一个问题。这次他父亲有点生气了。

"勒妮，"她父亲说，"永远不可以在别人挥杆的时候打扰对方。这也是这项运动的规则之一，等一会儿再问我。"

等了一会儿，她再次提出那个问题，她父亲依然知无不言。但是就在他第二次准备击球的时候，勒妮忘记了不能打扰准备挥杆的人的规矩，她问了另一个问题。

她父亲明显生气了，停下动作，转过身来厉声说："我不是说过了吗？不可以在别人挥杆的时候打扰他！"

勒妮感觉有点害怕，于是不再吱声。几分钟后她看到父亲准备挥杆，就说："爸爸……"

他父亲丢下球杆走过来，屈下身子说："这是我第三次对你讲了，不可以在他人准备挥杆的时候打扰他。你到底还要我讲几遍？我挥杆的时候别喊我！"

说完他转过身去捡起球杆，摆好姿势挥杆一击。他打出了一记好球，于是自我欣赏了几秒钟。这时他回身对勒妮说："现在可以问了，你想要知道什么？"

她说："这一球应该是我的。"

那是勒妮第一次打高尔夫，也是最后一次。她再也没碰过这项运动。这就是领导者要学习的，也是每个人都应该学习的。如果我们习惯性地阻止他人发声，让他人不敢把重要的事情说出来，我们也会错过重要信息！

这个故事把我们指向工作中的重要一课：一旦我们让别人闭嘴，就造成破坏。他们不敢再进言献策，我们从此也就听不到他们的观点了。我们不想让这件事发生！

每个人都蕴藏才华。如果我们在工作中真的是负责任的人，希望激发出他人的能力，鼓励他人分享观点，那么，在他们这样做的时候就赞赏他们。只有真正关心他们是怎么想的，谦卑地承认他们也可以提出绝佳的观点，才是在思想上接受了人本身就是最有价值的理念。

第二十二章 承诺"言出必行"

不久之前，新西兰有一家人去爱尔兰度假，他们在最有名的民宿网站爱彼迎上订了房。他们到达后很意外，也很失望：他们发现房主故意在屋里安装了针孔摄像头。不管你相不相信，这还不是最严重的。

承诺"言出必行"是任何有效展现领导力的方法都离不开的一个关键元素。最杰出的领导者知道，上述这件事反映的是对员工和顾客的责任里欠缺了这个承诺。爱彼迎明确向用户保证过，从这个平台上租住的客房里不会有隐藏的录音和录像设备。

然而当这家人打电话给爱彼迎的时候，接听电话的员工似乎不知道这个承诺。这名员工告诉他们，如果那个时候退订不会退钱。换句话说，隐私被侵犯在这名员工看来不是最大的问题，这家人自己处理应该就可以了！这是培训不到位，也是领导力不足的表现。最后这家人在附近找了另一家酒店。

后来其中一位家庭成员对美国有线电视新闻网（CNN）说，爱彼迎"没有意识到问题的严重性"，"他们只是按照退订房间处理的"。

这里需要我们注意的重要问题有好几个。首先，与顾客对话的员工看起来根本不知道公司的政策是什么。其次，他们把责任推卸给这家人。按照美国有线电视新闻网的报道，事情过去两周了，这家人的投诉都没有任何进展。而当他们再次去找爱彼迎的时候，却被告知房子的户主已经被"证明是清白的"。

这家人只好把这件事发布到网络上。他们把发生的事情写在了脸书（Facebook）上，然后新闻媒体开始关注这件事。

直到被负面消息包围，爱彼迎才承认自己存在重大问题。但这就不是"言出必行"了。

一直以来，爱彼迎忽视指出他们的失信之处的顾客以及顾客合理的投诉，而且已经习以为常了。直到出现公关危机才做正确的事，说明企业文化出了问题。

最终，公司高层出面纠正了错误，把这件事情处理妥当，封了那个户主的账号，但是如果你站在爱彼迎的立场上看，这真的不值得庆贺。企业的价值观需要在各个层级培训、强化、奖励、捍卫最有价值的东西，需要使团队的每一个成员都能做出恰当的决定。只有企业从上到下都清楚阐述，承诺"言出必行"的文化，并且经过充分培训，员工才可以做到这一点。在我看来，爱彼迎显然还没有做到，他们的企业文化还不健全，之后还会有类似的问题出现，甚至会发生一模一样的事。

第二十三章 承诺在最黑暗的时刻依然坚强站立

很多领导来请教我，怎样才能使自己的团队"更负责任"。他们通常是在有团队成员"令他们失望"或者"拖了公司后腿"之后，才会表达这样的诉求。但是这种事一般都是发生在危如累卵的情况下，这时对人的要求已经超过了正常的期待，所以员工没能发挥出领导期待的水平（也有可能是领导觉得，如果**自己出马**，一定可以做到）。

这种情况下，领导们一般会盯着我的眼睛说："那个×××居然没有**挺身而出**。"

这时候，我勉为其难讲一个令人不悦的事实，除非人们看见领导为自己挺身而出，不然不会为领导挺身而出的。

这就是现实，也是这个承诺的意义所在。

工作中是这样，其他人类活动更是如此。总会有动荡的时候、会有危机，还有意想不到的逆境。团队中的每个成员都需要直面现实。问题是，在上述种种情况发生的时候，他们是不是知道，而且是确实地知道会有公司领导做自己的后盾，还是只能在心里憧憬一下？

除非人们看见领导为自己挺身而出，不然不会为领导挺身而出的。

选择谨守第九个承诺，就必须化作行动，不能只说。只有在把承诺化为行动之后，才可能有职业道德上的整体改观，"有没有挺身而出"的问题也才可以成立。

我再举一个例子，让你知道这种行动是什么样子。这是一个我有幸亲历的真实故事。有一位女士在咨询公司工作多年，担任过很多不同岗位的工作，我称她为珀尔。

她的公司很小。随着时间推移，公司不再需要她原本的岗位了，也没有可以调岗再培训的可能。更糟糕的是，她被诊断出患有严重疾病，如果不进行治疗可能会危及生命。

一旦珀尔的岗位被取消，公司自然

不会保留冗员。那是个艰难的时刻。最终，她与首席顾问吉姆经过讨论达成了共识，获得了一笔丰厚的遣散费后离开了公司。

对于很多公司而言，故事到这里就结束了。但是这个故事没有，至少吉姆不是这样认为的。

除了原本的遣散费，珀尔离职后，吉姆做出安排，让公司向她全额支付 18 个月的医疗费用。事后证明这一举动极其重要，因为珀尔需要一系列昂贵的治疗，才能痊愈，她自己根本负担不起。

但是现在她可以了。

虽然吉姆自己没想引起关注，但是后来事情还是传开了。

因为吉姆额外的付出，珀尔一直感怀在心。她的兄弟还亲自登门感谢他的救命之恩。

所以如果你想知道，如何让他人在工作中挺身而出，现在应该知道答案了，先成为他们的后盾。吉姆的所作所为，是在工作中坚强地与他人并肩站立，也是在做正确的事，这就是责任感。做这些事不是出于公共关系的目的，也不是一次性行为。你这样做是因为相信自己的团队。同时把一般的工作关系拉近到了有一点像一家人的情谊。

责任原则 35：
除非人们看见领导为自己挺身而出，不然不会为了领导挺身而出的。

只要持续不断地一直如此，不是一两次，而是一旦有机会就这样做，（尤其是）在最黑暗的时刻，努力与下属并肩站立，你的工作氛围会愈发具有吸引力。团队成员们会注意到这一切，他们会发现公司领导是与他们站在一起的，也会发现这里的工作很特别，他们想要留下来。你觉得他们会怎么做呢？

他们会站出来。

就这一点而言，负责任的领导首先是**负责任的人**，他们会注意工作中有没有人遇到家庭问题，需要请假去处理；有没有人身体出了问题，需要就诊；有人工作量饱和了，有可能出现压力和倦怠的问题；气象条件会不会对人们履行职责的能力产生影响。这时他们会挺身而出，尽己所能与之同行，走过黑暗时刻。

若要在工作中做出第九个承诺，你必须成为负责任的领导，成为负责任的同事。在别人需要听到"有我做你的后盾"的时候挺身而出。一旦你养成这种习惯，就会发现他们愿意与你一起赴汤蹈火。

第二十四章　承诺好名声

很多高管向我咨询怎样维护公司形象，似乎这是一项复杂、艰巨、非常人可及的任务，又似乎是长期的目标，短时间是不可能完成的。好名声就像是精密的仪器，需要从零开始打造，又有太多部件需要大量不同领域的专家通力协作，包括人力资源、法务、市场推广、信息服务、销售、产品开发等等。

这台"机器"的关键部件其实只有一个：负责任的领导。如果这一部分运转良好，公司的声誉自然没问题。如果这一部分有缺失或者损毁，其他人付出再多努力，也不会带来好名声。

你可以回忆个人层面的责任，名声是在综合评价你这个人，还有你做出的选择和承诺。在工作中，团队的声望是在综合评价**团队领导**这个人和他（她）做出的选择和承诺。其实就是这么简单。

在工作中，领导做出负责任的十个承诺并按照它们行事，就自然而然地营造了正面的公司形象，且维护了公司的好名声。这不是等到下个季度才开始施行的长期项目，必须现在开始，就在今天，不是今后的五年，也不需要等到公司挣了很多钱。让你和你的公司流芳百世的名声工程始于当下，始于领导做出的选择和决定。这件事必须从当下就开始！

责任原则 36：

流芳百世的名声工程不是等明天再开始的长期项目，而是始于你现在做出的选择和决定。这件事必须从当下就开始！

一个负责任的领导不仅根据当时的需要做出决定，而且他（她）还要在工作中为顾客、团队、利益相关者等做出决定，这样的领导可以快速建立并且提升个人名声和企业声誉。为什么呢？因为这样的领导知道，名声不是从外面贴上去的，而是日复一日、一点一滴赢得的。名声是你的经营理念、行为、选择和承诺在现实世界的投影。

等到发生公关危机才关注公司名誉，或者认为可以花钱请顾问维护良好名声，这样的领导已经错过了真正的机会。你必须**现在**就关心名声，按照书中教你的承诺行事。没有别的方法。

如果你被任命为团队或者公司的领导，这个团队或者公司中的每一个人的名声就已经取决于你了。在读到这句话的同时，你所做的每件事都会有这种影响。坏名声的背后是没有做正确的事，是"不听我的就辞职离开"的思维方式，这样的事也都是你熟知的。好的名声正好相反，是经过不断积累的，也需要做出具体的承诺并为此长期不懈地努力。我们前面讲过的任何一个承诺都是从你开始的，然后才会向外扩展到与你有直接接触的人（包括你的下属）。再然后就是之前讲过的涟漪效应的第二环，人们从你的言行中受到鼓励，也做出同样承诺，这时候，这个效应进一步向外扩展。这就是责任的运行方式。公司名声的传播也是同一个原理。

如果你被任命为团队或者公司的领导，又或者你内心向往这个职责，你都应做出第十个承诺，因为**团队名声的好坏从始至终都取决于你**。你的名声会从你的人际关系和你出于对关系的重视而做出的承诺中体现出来。如果你已经做出了我前面讲过的九个承诺，你很快就能发现，跟随你的人不只是为了工资而工作，而是因为更有意义的东西：有机会为比他们自己更重要的事情上做出贡献。他们也愿意努力工作，捍卫自己的公司和领导的名声。你投资于自己的员工，他们就会比没有这样待遇的人表现得更加出色。

他们会像你一样，为了更大的图景和使命而工作。人生不再是虚度光阴，他们会像你一样，全心全意沿着既定方向工作。众人同心必然汇聚成流，向着共同的意义和目标，一起做出前所未有的成果。他们突然发挥出来的能力会让你感到惊讶，他们时不时也会令自己感到惊讶。他们也会乐于跟随你一起，建立并经营一个长久流传的责任制。

如果你在工作中或者在其他任何地方持守自己的承诺，你的名声自然会助你一臂之力。

第二十五章 "救命！我的上司不负责任"

读到这里，你已经明白十个责任不但可以给个人生活添加意义和目的，在职业生涯中（我们醒着的大部分时间）也同样如此。你也准备好探究言行一致这个被忽视的负责任的领导艺术了。

曾经有一些中高层领导对负责任的领导的话题感兴趣，我与他们共事的时候发现了这样一件有意思的事情。我说的现象不会发生在这些主席、创始人、总裁齐聚一堂的时候，因为在他们之间通常没有上下级的汇报关系。只有那些名字后面没有任何称谓、头衔的人坐到一起，我所讲的事情才会发生。

有一个参加培训的人私下里把我拉到一边，确定没有旁人听见之后，说了这样一番话：

"萨姆，你说的对下属负责任和维护公司价值的重要性，我都听明白了。但是，麻烦的是，我的经理并不维护公司的价值。"

这时候我一般会沉默一下，然后鼓励这个好不容易开了口的人继续讲下去。对方一般会接着说："有时我觉得坚持自己对下属的承诺很难，甚至是不可能做到的。因为在应该坚持对公司最有价值的事情的时候，我的经理不会在背后支持我。你今天提到的这些有助于维护公司价值的方方面面，他对我或者其他人都不会这样做，他不负责任。我该怎么办？"

问题中的领导几乎都是直接上级，有时就是整个公司职位最高的人！

我们首先要注意到，"我该怎么办"是个很棘手的问题。这个问题指向了非常麻烦的局面，对于卷入其中的人而言更是如此。改变这个局面需要不懈的努力。最常见的情况是你没有与经理探讨过公司的价值是什么，或者是你的经理自己也不曾辨明，可以指导经营、有助于公司发展的价值是什么。这种情况我会帮助你解决。我还会讲一讲，如果你的经理直接否定了这个想法，认为没有必要参照严格界定、充分阐释的核心价值领导团队和公司，你又该怎么办。

我们假设你是主管，手下有个人叫麦克。他素来不尊重自己的团队、顾客，甚至也不尊重你。

假设他的这种不尊重他人的行为方式已经有一段时间了。这个问题你已经对麦克讲了好几次，所有你能想到的干预方法都试过了，但是没有丝毫进展。他就是不改正自己的行为，也没有展示出任何将来会改变的意愿。

我们再假设你已经在上级面前表达了如下建议："你知道吗？这个情况已经挺长一段时间没有改观了。你请我确认一切人事变动的决定，我认为需要下定决心了。因为我已经尝试一切改变麦克行为的方法，但是他依旧没有改观。我认为他应该离开公司。"

如果上级出于种种原因反应平淡，东拉西扯，或者只是说："你很聪明，想个不解雇他但是能把问题绕过去的办法吧。"

在这种（特别常见的）情况下，你的上级根本没有在背后支持你。他既没打算让你扭转局面，也不希望你现在直接解雇麦克。

这种情况下，你需要注意，使上级犹豫的原因可能很多。麦克可能是销售团队里高产的员工，也可能是上级打高尔夫时的球友，甚至是他的女婿。我的建议是：别因为这里的任何原因而分心。问题不出在麦克身上，是你的上级在公司价值的关键问题上缺乏领导力，没有做出相应的承诺。

现在我们停下来，回顾一个关键概念：对个人或者公司极为重要的才是最有价值的，这件事重要到如果缺失了，你上天入地也要把它找回来。你的原则和行为标准一定属于生活中最重要的事情了，所以需要包含在价值宣言里。如果你还没有用价值宣言指导个人生活和你的公司，这样的宣言是有必要的！

具体来说，最有价值的观念应该是"尊重彼此，尊重客户"。

回到我们设想的案例中，尽管有一套笼统的公司价值，但是公司高层没有在第一时间做出明确的阐述。一旦你或者他人真的按照公司价值做事，麦克就会起反作用，上级也不愿意亲自申明公司的价值。你知道为什么吗？因为这些在你的上级看来不重要。

所以你应该做的是：**从讨论最有价值的事开始**。

讨论最有价值的事

这个讨论需要一些耐心。具体地说，需要你先把怎么处理麦克的问题放在一边。与其让跟麦克不和的**现状**牵扯心神，不如发自内心地和上级聊一聊隐藏在问题背后的逻辑：你没有强大而明确的价值可以捍卫，也无法指挥自己的团队。

你可以坐下来问自己的上级："你认为这些重要的事里，哪一件最有价值？"指出最成功的公司都有明确的价值观，这些价值观是他们日常经营文化的一部分，这些价值观没有先后之别，公司成员做事要符合所有的价值观。再指出在这种最成功的文化氛围里，团队的领导每天以行动支持和捍卫其价值。其实从领导到一线员工，每一个人都在捍卫这些价值。

一旦你邀请上级帮助你明晰公司价值是什么，或者帮助你组织语言，阐述每个团队成员（不是麦克一个人）应该如何理解、持守、捍卫这些价值，你的上级自然参与了这个过程。你会发现对话的节奏在发生变化。你的上级可能这才发现展现领导力的时机。如果你愿意，可以靠送出我写的另一本书《承诺就是承诺》来引燃这个时刻，这是展开对话的绝佳方式。一旦时机出现，你也可以巧妙地把"尊重彼此，尊重客户"这个具体的观点加入你们罗列的清单里。把这一条加上不是为了"对付"麦克，而是因为你相信这个观点对公司有益。

不论你是否相信，你的目标真的不是把麦克赶走。真正目的是营造一个工作环境，让自己在其中可以努力持守正确的价值观，并且对每个下属负责任。如果这些价值倡议令人信服，公司自上而下都愿意捍卫；如果你的上级开始言行一致，你也能从容效法，这些好的转变会让麦克也开始认同价值并且遵循这些价值观做事！

我们再来一点实际的检验。这是很现实的问题。价值宣言有可能沦为只在文件里面体现和只在升职的时候才"优先处理的重要事项"，除非领导主动按照它们做事，在应对具体难题的时候，根据它们做出每一项重要决定，这才叫"言行一致"。

> **责任原则 37：**
> 唯有领导传讲、捍卫公司价值，主动按照价值宣言做事，它们才能化作每天优先处理的重要事项。

所以如果你的上级参与进来，开始说到做到，就没问题了！

但是如果对方拒绝（或者无视）你的建议，或者写出了一系列重要事项，但不遵照执行，也不捍卫期价值，你该怎么办？

我们还面对另一个关键问题。我们的公司文化是一种默认的文化（最低标准的文化），还是一种设计的文化（一种有意识地选择并由领导层持续保护的文化）？

你需要小心：对于领导而言，讨论最有价值的事可能有点像严厉的爱。

这个也是在负责任上有短板的经典案例——有人一直表现得不能或者不愿意按照公司价值做事，但是你不能解雇他。还是我们前面的这种假设，你认为团队应该接受"尊重彼此，尊重客户"的观念，因为这是一个有价值的事。这件事你也已经与上级深入交流了。你也已经与上级认真探讨了这个叫麦克的下属的问题，他没有想要按照公司价值做事的意思。但是上级不让你解雇这个人。

你应该怎么办？

如果团队中有麦克这样不按照公司价值做事的人，你显然会遇到人际价值方面的困难，业绩表现也一定会受到影响。所以如果你找上级申诉，希图改变他对这个人的看法，要第一时间举例指出，因为麦克没有展现出"尊重彼此，尊重客户"这个人际价值，有哪些客户关系和重要的团队关系受到了损害。你也要先问自己：这让公司付出多大代价？把你的答案分享给上级。

私下里冷静地给上级指明，麦克不按照公司价值做事到底导致了什么后果。把问题折算成具体金额。比如：如果麦克不按照公司价值做事，让你损失了一个大客户，你认为参照以往的交易计算，这个损失值多少钱。如果你能用形象的案例论证企业价值、论证解雇这个人的想法，或者至少让他本人意识到自己的职位不保，那么上级比较容易与你产生共鸣。

再次声明，在现实中，你的想法不一定能被理解。假如你算了经济账，意见依然不被采纳。接下来怎么办？这时你必须做出决定了。

你要留下还是离开?

你已经讨论了最有价值的事，上级依然不负责任，也没有要往这个方向前进的迹象。下面是你面临的三个选择:

- 即使这个工作环境有明显的企业病^{*}，但是你依然留在这里。比如，不再尝试责任制度了。（或者）

- 问问自己: "有什么是我能控制的?" 开始在你的团队里建立**责任范畴**。做这件事，你不需要征得任何人的同意！如果你的直属领导不按照公司价值做事，你可以把建立责任范畴的事自己承担下来，示范按照正确价值做事并教导自己的下属，确保你的部门做出的决定与公司价值一致。不论你的上级是否同意让那些你希望解雇的人离开，在自己的部门里建立责任范畴的结果都有可能激励其他部门的人。

---

*企业病在文中是指平庸的公司在默认的最低标准文化中蹒跚前行，这种文化通常是由高级领导人拒绝改变和成长所造成的。见本书第 160 页。

（再或者）

- 自己建立责任范畴的努力也受阻，开始寻找能以负责任的领导的姿态效力的公司。

责任原则 38：
即使公司整体上不支持负责任的工作氛围，但是若有人立志做负责任的领导，在他的带领下，团队或者工作组依然有责任感。

我发现上述情况中可能没有容易下定决心选择的答案。是的，我发现离职往往不容易，个人经济状况在我们的决策中起了重要作用。人当然要吃饭，维持家庭运转，支付各种账单。即便如此，你还是应该避开第一个选项。如果你觉得这些不是问题的话，我还要说，在选择第三个之前至少尝试一下第二个。如果你真的决定换下家公司，我建议你遵照合约处理，并且在离开现在的岗位之前找到合适的岗位。

有时我们不会公开承认，但是现在的领导可能才是最主要的问题，因此我才这样说：有时候问题在于我们迟迟没有解雇员工，但是有时候问题也在于我们迟迟没有另谋高就。

责任原则 39：

有时候问题在于我们迟迟没有解雇员工，但是有时候问题也在于我们迟迟没有另谋高就。

但我个人还是坚信采取第二种选择的可能性。第二种选择的强大在于能激励管理层，让他们允许你建立责任范畴。责任范畴最终扩展到你的团队以外。我相信这会积极影响每个人。

所以为什么不对上级说："这样如何？这家公司对我非常重要，我可以继续在这里效力，但是我要确立团队的责任范畴，你要允许我开除拒不按照公司价值做事的人。"

对上级说这些是不是需要勇气？是的。

这种情况下有没有必要说这些？我认为答案也是肯定的。

实际的检验：
出现问题是不是也有你的原因

有时候，人们愿意留在有企业病的工作环境中是因为想要保护他人——比如，他们躲在不负责任的上级和不称职的领导手下保护自己的团队。你能猜到吗？如果你不在公司里建立责任范畴，或者不能让这个范畴每天扩展一点，你就是在公司一直混乱下去，这样对你和你的团队没有好处。有时候继续前行才是更健康的一步，对谁都一样。请把这句话记下来："以严厉的爱面对上级。"

我们最终面临的严峻问题是：你会选择天然的企业文化还是建设出来的企业文化？你会不会找让你享受其中又有回报的工作？你愿意不愿意按照责任制生活，然后把责任范畴延伸到工作中？

伟大的公司建设一种积极的文化，并奉行支持这种文化的价值观；平庸的公司在默认的最低标准文化中蹒跚前行，这种文化通常是由高级领导人拒绝改变和成长所造成的，这就是企业病。让有企业病的公司维持现状对谁都没好处。

我的建议是：别让这个问题继续下去。要么向前一步，建立责任范畴，在其中发挥领导力；要么换个地方，让你可以负责任地效力，总之问题都要得到解决。不论是哪种情况，你都要经过界定、教导、示范、捍卫、奖励，才能让美好的价值促成你心目中想要的企业文化。这是在工作中创建目标和意义，并让它与个人的目标和意义保持一致的唯一方法。

我发现，我提出的两个解决方案好像都不容易做到。

你可能会觉得，我是让你在原本的工作岗位之外再承担一个领导角色。没错，这就是我的意思。所以我要在本书第二部分的最后告诉你，为什么我认为这才是你最合理的选择。

第二十六章　为什么要有责任制?

许多来自不同级别、不同岗位的人都会问我："何必为这一切烦恼呢？为什么花费时间、精力和专注力来努力学习这十个承诺，还要遵照它们来生活？"总之一句话——**为什么要有责任制**？

答案很简单：不论你是领导、下属，还是有雄心成为领导的人，**责任制都是可以实现的**。可以实现的**原因**在于**负责任的关系在个人层面和公司层面都会带来好的结果**。

责任轮 ™

你可以从下图中的责任轮 ™ 很直观地看到，负责任的关系会不断带来好的结果，依次是创意和创新、安全感（生理上和情感上）、吸引和保留关键人才、员工参与度、生产效率、更出色的领导力、沟通、团队协作、客户体验和变通的能力，最终体现在盈利能力上。所有这些关键实力的改善和增强，都是负责任的关系产生的积极效应。离开了负责任的关系，你的公司很难做到可量化的改善，也很难充分发挥上述方面的潜力！

**责任制度真
的是领导力
的最高形式。**

公司在这十一个方面的效果是在公司文化上把负责任的关系作为常态，同时把工作中的责任制保持在高水平的结果。在责任制度水平低的工作环境中，想要在这些方面不断有好的结果出现是非常困难的，几乎是不可能的。如果一个领导不愿意做出我们前面讲过的十个承诺，除了想要从上述方面改善公司的时候困难重重，为自己或者别人营造目标明确、有意义的工作体验的时候也会很困难！

责任制度真的是领导力的最高形式，而且(关键的)还是**从上述十一个方面(有意、无意地)发掘、培养、留住负责任的领导的方式。**

**善于维护关
系的公司往
往精于责任
制。**

因此这种被我称为"超越了公司架构的领导"特别重要。如果我们把改善客户体验作为目标，接下来负责与顾客互动的一线员工不论有没有正式的头衔，都必须具备**责任轮上的领导力**。他（她）要对同事、顾客，甚至是公司的合作方做出负责任的十个承诺，并且全部履行。

理想的话，应该是公司最高领导做出了表率，激励他（她）这样做的。但是如果公司最高领导出于种种原因没有做到，只要他（她）自己建立了责任范畴，按照十个承诺建立了负责任的关系，并激励身边的人做同样的事，那么通过涟漪效应的第二环，每个人都能受益。

后者才是提高客户体验的最好方式。这个方式也能最大限度地提高每个从事客户体验的团队成员的生活品质。要提高责任轮上的任何一个方面，这个方式都是最好的。要在工作中建立意义和目的，这个方式还是最好的。

一切都始于负责任的关系。

责任原则 40：

实际上，领导认为公司擅长做某事，不意味着公司在这方面发挥了最大潜力。

这是我的发现：善于维护关系的公司往往精于责任制。在责任制上有困难的公司往往也处理不好人际关系，结果就是他们面临责任轮上至少一个方面的困难。如果表面上在这些方面有困难，背后都有领导者没有发觉的问题，而且问题往往都能追溯到责任上。实际上，领导认为公司擅长做某事，不意味着公司在这方面发挥了最大潜力。而发挥最大潜力的程度，能把好公司和伟大的公司区分出来！

有时候，公司没有把责任轮的每个方面都做到最好，问题可能被短期的盈利掩盖了，导致最终在竞争中落败。能否长期保持良好的盈利能力才是关键问题！

如果你想要建立负责任的工作氛围，**请提高你的关系质量**。做出负责任的十个承诺，不断实践。然后站在公司后面，看人们自己响应！他们会站出来，开始发挥你做梦也想不到的作用。

理想中的剧情是这样：公司的最高领导与每一个员工之间都有**负责任的关系**。但不是说他们之间有直接的上下级关系。

但每个团队成员确实都受到这个人的**启发**，彼此之间有一种良性的、**负责任的关系**。也就是说作为关系的一部分，领导者和团队成员都做出了负责任的十个承诺，并且每天都按照这些承诺行事。**如果公司领导做到了这一点，真正伟大的事情会成为可能——业绩表现达到领导几乎没有想到的水平。公司做出的成就会超过领导所有的预期。**

> **责任原则 41：**
> 在负责任的工作氛围里，团队做出的成就会让你大吃一惊。

我说了，这只是理想的情况。备选剧情如下：有一个员工选择在自己的辖区（可能是在客户服务部门）里创建责任范畴，而且成功了。从这里进入了涟漪效应的第二环。越来越多的人受到启发，越来越多的人做出负责任的承诺，越来越多的人开始注意客户服务的出色表现。然后他们开始问为什么会发生这样的事。

答案就是：责任感。不是**做事**的方法，而是**思考**的方式，它告诉我们如何看待别人，如何看待自己做出的承诺和选择。

在工作中提升责任的唯一方法就是建立负责任的关系。建立负责任的关系的唯一方式是做出负责任的十个承诺，然后按照承诺行事为人。这样做的人是超越了公司架构的领导。不论他们的头衔是清洁工、客服助理，还是总裁，他们都用强大的个人示范指明了通往真正负责任的工作氛围的道路。

> **责任原则 42:**
> 在工作中提升责任的唯一方法就是建立负责任的关系。

找出不足

　　不论处在什么发展阶段，一家公司若是想继续前进，必须了解他们的团队领导和成员在什么地方同心协力，在什么地方相互背离。如果领导想要用积极的、负责任的、被心中蓝图引领的方式打造一个势头，这时他们需要一个非常重要的东西——数据。因此我在十年前就开发了"责任自检™"。它是能提供 20 种语言版本的强大工具。

　　"责任自检™"评估诸如下列事项：

- 公司文化的优势

- 公司应对变局的能力

- 团队成员有没有感受到被重视

- 是什么妨碍了公司内部的高效沟通

- 员工们在领导指挥下的敬业程度如何，在团队中敬业程度又如何

- 每个人展现责任制度和遵守承诺的程度

- 按照公司价值和心中蓝图制定决策的能力

- 吸引并留住最优秀人才的能力

- 明确使命

第三部分

建造一个负责任的世界

第二十七章 荣誉

我的岳父门德尔是第二次世界大战中纳粹大屠杀的幸存者，也是集中营的幸存者。顺便说一下，尽管人们经常把二者混为一谈，但它们是两回事。第二次世界大战期间，所有的集中营受害者都是大屠杀的幸存者，但大屠杀的幸存者并没有全部进入集中营。

不久前，我和妻子勒妮开车送他参加一个特别的公共活动，那次活动是在一个新的老兵博物馆举行的。博物馆的使命是纪念当地做出诸多牺牲的退伍军人，并聚焦于那些为保护国家在战场上献出生命的人。当晚的盛大开幕庆典也纪念了博物馆富有远见的创始人拉尔夫·巴拉莱（Ralph Barrale）。他本人也是"二战"老兵，但不幸的是，他在博物馆落成之前就去世了。不管怎样，这次活动还是把这两个有着非凡经历的人联系在了一起。

要知道，达豪（Dachau）是一座臭名昭著的纳粹集中营。1945 年，拉尔夫·巴拉莱是一名参与了解放达豪的军人，而我岳父当时是那里的一名囚犯。

他们两人从来没有见过面，至少在他们的记忆中是这样。晚会的计划就是给这些人一个再次相聚的机会，让他们分享重获自由的记忆，讲述那些在集中营里被压迫的人和死于纳粹之手的人所承受的深重痛苦，还要为那些像我的岳父一样活下来的人，为他们的幸存和他们留下的遗产欢呼（顺便说一下，"遗产"是一个很重要的词。在本书的这一部分，我们会经常提到它）。

由于创始人的离世，原本应该两个人的演讲变成了一个人的独白，我岳父简短地回忆了解放达豪的过程，感谢了参加战役的军人，我认为他的发言很简短，但是掷地有声。那是一个值得纪念的夜晚。

出席的人数在 80～100 人。我的岳父结束发言之后，掌声经久不息，好像突然之间在场的每个人都想走过来与他握手。当他们这样做的时候，我注意到他们各自给出的反馈大同小异。

"很荣幸能见到你。"

"你今晚能过来并且发言，我们感到很荣幸。"

"你今晚的出现，让我们倍感殊荣。"

如此种种不胜枚举。过来与我的岳父握手的人从十岁左右的孩童到年逾古稀的老者，结束时都会说一些类似很荣幸我的岳父能够出席的话。虽然这样的话他之前一定听过很多次，我认为他从来没有听这么多人表达这个情感，一个接着一个就像瀑布一样。我可以看得出他为之动容，连勒妮和我也被感动了。

当晚开车回家的时候，我开始深入思考"**荣幸**"一词，开始问自己与这个词有关的问题。

以某人为荣意味着什么？ 这意味着用言语和行为向那个人展示他（她）应得的全部尊贵、敬重和青睐。我的岳父以创建博物馆的军人为荣，他用出席活动向这位军人的贡献致敬。在场的人以我的岳父为荣，他们向他表达敬意的方式是在活动结束后与他握手，诉说这个经历对他们有多重要。大多数人表示与他见面是人生的高光时刻。

我们平时以谁为荣，我们应该以谁为荣？ 试想一下，要是我们按照所有的

以别人为荣的最好方式是留下长久流传的责任制。

173

人都有潜力的想法来罗列名单，谁才是真正应该享受殊荣的人呢？要是我们找到一种方法，不仅尊重我们所仰慕的人或者家人、邻居，而是居住在这个星球上的每一个人呢？要是我们从遇见的每个人身上都发现了值得尊重的地方，我们会不会把握机会？是不是地球上的每一个人都能得到尊荣？这本书中研讨的十个承诺会不会就是我们以别人为荣的最佳方式呢？

要是我不需要了解你就能以你为荣呢？要是建造更负责任的世界就可以表达敬意呢？让世上不再有不称职的领导——就像会导致达豪集中营之类事情发生的领导。努力建立一个世界，鼓励其中的每个人都成为最好的自己，每个人都说真话，每个人都在黑暗时刻与人并肩站立……会不会就是我对你最大的敬意？如果我以你为荣、以整个人类为荣的最好方式是留下长久流传的责任制度呢？

现在就是探索这个问题答案的时候。后面章节遵从的原则是，如果你真正重视人，重视所有的人，你应该不断想方设法以别人为荣，我说的是所有的人。

责任原则 43:

如果你真正重视人，重视所有的人，你应该不断想方设法以别人为荣，我说的是所有的人。

第二十八章　审视自己

本章的重点是每天结束之前，看着镜子对自己说"我是负责任的人"——并确信你在说真话。

你这样做的时候，说明你不仅在家庭和工作中做到"我是负责任的人"，而且在生活的各个方面也都说到做到了。你也做到了以你直接或间接影响到的所有人为荣。你可以把自己的选择与在世界范围内建立责任制的任务联系起来。要做到这一点，你必须先认定自己的职责、义务就是努力创造一个更美好、更负责任的世界。

这可能是一个最难以企及的领域，因为乍看之下，这个职责似乎离我们最为遥远。说到选择的后果，我们会很自然、直观地想到自己的家庭生活，私交甚笃的人，甚至工作。我们可能很难看到选择对自己居住的社区的影响，何况是国家或者更远的地方。

但是真的会有影响。

既然你读到这里了，如果你已经把学到的东西付诸实践——在自己的生活和工作中做出责任制度的十个承诺。我要祝贺你、鼓励你，还要以你为荣。

出于对你的敬意，我要发起一个挑战。这个挑战很简单：不要止步于工作。把责任制带到更高的层面。把责任传承下去，建立一个负责任的世界。营造负责任的工作氛围固然重要，建立一个负责任的世界却是势在必行的！

责任原则 44:
营造负责任的工作氛围固然重要，建立一个负责任的世界却是势在必行的！

不刻意选择建立一个更负责的世界，不刻意选择让人类社会普遍实现责任制，责任制就不完整。

你可以把负责任的十个承诺当作个人生活中"正北"的指针，也可以日复一日在工作中努力与它们保持一致，但是有可能依然没有发挥出自己的潜力，也没有活出人生真正的意义。这是因为你尚有未完全实现的价值。如果责任制不走出自家大门或自己公司的大门，你就没完成最有价值的事情，你**还没有完全按照最高层面的责任制生活**。

　　我给你的挑战是，开始更加仔细地审视对你最有价值的事情，让它们成为你的终身任务：运用负责任的十个承诺，打造你可以引以为傲的遗产传承。你的遗泽会留给后来人——那些你不认识的人。有些人留下的是责任，有些人留下的是**不负责任**，这说明他们做出了与负责任相反的选择：不讲真话，不发掘他人的潜力，言而无信等。你留下的是什么取决于你自己，但是如果你不刻意地选择打造**长久流传的责任制**，让它与我们思考的这十个承诺一致，那么你的责任制本身就是不完整的。

责任原则 45：
长久流传的责任制会留给后来人 —— 那些你不认识的人 —— 鼓励他们成为负责任的人，并在世上发挥美好的作用。

　　一旦你审视完自己最有价值的事，按照十个承诺生活就不再只是为了自己，也不只为了私交甚笃的人或者你的工作，而是更广阔的世界。你这样生活是为了在离世的时候把它留给这个世界。你这样生活是因为你建立的东西能惠及自己不认识的人，他们甚至会在你离世后继续从中受益。这样的遗泽不仅为你的生活增添了意义——它也给这个世界增添了意义，并在世界上建立了责任制度。我们自己生活中最深刻的意义，正是在于创建一个负责任的世界。

> 责任原则 46：
>
> 我们自己生活中最深刻的意义，正是在于创建一个负责任的世界。

我们必须重视每个人，而不仅仅是自己人。

　　我们常常不把自己看作世界的一部分。但其实我们做出的选择的确会影响到我们不认识、也永远不会认识的人。除非承认这一点，否则我们不是十分负责任的人。重视最亲近的人很容易：亲朋好友、同事等等。一个真正负责任的人重视**每一个人**，对待**每个人**都努力按照负责任的十个承诺做出选择。这样做容易吗？也许不容易。但是有必要吗？是的。

我们愿意为谁而战？

　　我们不能提振自己居住的社区，就是在拖累它，没有中间地带。如果我们拖累了社区，就意味着已经背离最有价值的事：我们不是没有界定清楚什么是最有价值的事，就是没有遵照它们行事。**我们不做出选择，把最有价值的事和造**

福世界的行为结合起来，就没有责任可言。这是一种思维方式，一种信念。如果我们的行动没有表现出一贯乐意帮助不认识的人，那就必须停下来问问自己，我们是不是真的投入其中了。我们必须重视每个人，而不仅仅是自己人。

这可能需要改变行为模式。为什么有人决定投入大量的时间和精力来帮助从未见过的人？或是在动物收容所做志愿者？或是每周为美国癌症协会做一次电话募捐？或是从上千种似乎没有直接个人利益或经济利益的活动中选择一项参与？答案很简单。做这些事情让他们觉得参与了比自身更伟大的事情，也让他们感受到了人生的意义和目的。当你把这种不求回报的奉献融入自己生活的时候，就与至高主权建立了亲密的关系。你会更清楚自己早起是为了什么。你会感受到与其他人之间更深的亲切感。你会发现全面地看待自己生活中的挑战变容易了，你不再指责别人，而是开始思考他们一路走来经历了什么样的困顿。你会意识到，理解和同情别人的难处与承诺"这取决于我们"密不可分。简而言之，你会发现自己在生活中的使命。

所以，我们在个人生活中的选择和行为会影响我们的人际关系，我们在工作中的选择和行为会影响我们的工作关系。但是除了这两方面以外，我们在世上的其他选择和行为也会产生重大的影响。你能猜到吗？我们在世界上按照责任制度做出的选择，必定对人际关系和工作产生影响！

责任原则 47：

如果我们不想去理解别人的难处是什么，说明我们不想成为负责任的人。*

---

*注：想要了解别人的难处与把解决这些难题当作自己的职责不是一回事。没有人能应对每一个挑战，我这里谈论的是人类的基本同情。负责任的人懂得授权的道理，他们知道自己不能事必躬亲。

第二十九章　负责任的领导者会为社区挺身而出

如果我们是团队或者公司的领导，除非在言语和行动上都能把最有价值的事情和世界之间的关联展现给所有的人，否则必须承认我们的价值还不完全。

仅仅确定伟大的理念，或者与团队讨论最有价值的事是不够的，我们自己采取行动做这些事也是不够的。身为领导，我们应该把最有价值的事罗列完全。说到价值，我的经验是，在成功的公司，领导始终负责履行与本书中的四种公司价值一致的承诺。再看一下这四种类型：

1. **基础价值。**公司最看重的是什么，这是公司的基本特质。

2. **人际价值。**如何对待公司内部和公司以外的人，如何搭建关系。

3. **职业价值。**公司期待达到的业绩和卓越程度。

4. **社会价值。**公司如何看待自身所处的社会，如何参与其中，如何有益于这个社会。

读到这里，我相信这几个类别你已经很熟悉了。但现在我们要通过观察星巴克仔细审视其中的最后一个类别：社会价值。星巴克是人所共知的国际化品牌，大多数人对于这个品牌都有一些自己的看法。我们看这家公司选任的领导，看他们如何应对足以击垮一家公司的危机，可以帮助我们解答这个问题：**社会价值为什么重要？**

你可能今天还从星巴克旁边经过，2018 年的那场震动你可能也有所耳闻。当时费城的一家星巴克门店区别对待了两位非洲裔美国顾客。那次事件引发了一场媒体风暴，以及一场全国上下关于种族态度和公共设施的重要讨论。这也促使星巴克的总裁凯文·约翰逊（Kevin Johnson）接受采访，公布公司对这一事件的处理过程。

约翰逊做出的回应中重申了在美国的每家星巴克门店举办的内部多元化培训活动。至于这些培训能否对事件背后的态度问题产生有意义的影响，当时就有许多观察家表示怀疑。有些人甚至指责说，这些培训计划是星巴克搞出来的公关噱头。

我也认为几项培训活动不太可能很快改变根深蒂固的歧视性态度。顺便说一下，约翰逊也是这么认为的。他在采访中谨慎地指出，对于他的公司而言，这些培训只是漫长旅程的起点。但是说星巴克做这一切的目的"只是"为了公共关系，我不认同这种观点。

在这个对星巴克和国家都很特殊的时刻，听约翰逊的发言，我深信他确实在努力，不管花多长时间，都要解决这个根本问题。我也确信，他真的在努力利用这次事件帮助星巴克成为一家更好的公司——以实现正确核心价值为驱动力的公司。服务社区正是星巴克的企业价值之一。

最近的一则新闻提供了明确的证据，证明星巴克是负责任的，他们正在投入经费兑现诺言，履行对企业价值的承诺。在费城事件发生后的几周到几个月时间里，新闻机构报道了星巴克正在测试的一项计划，他们允许一些员工"每周用一半的（带薪）工作时间服务当地一家非营利组织"。

这就是负责任的领导。约翰逊清楚表达了服务社区的承诺，并贯彻执行。应该承认，在发生不符合公司价值的事件之后，这是朝着正确方向迈出的一步。你也应该这样捍卫公司的价值。当你看到与公司价值不一致的情况发生时，立即采取行动加以改变，使它重新与公司价值保持一致。这意味着做出艰难的决定，如果高层员工坚持不按照公司价值办事，也要坚决让他们离开。

星巴克与非营利志愿者组织社群之光（Points of Light）合作，在 13 个城市挑选了 36 名在职志愿服务人员成立特别试点项目组。在 6 个月的时间里，这些星巴克员工每周花 20 小时在公司工作，另外 20 小时服务当地的慈善组织。把他们的才能贡献到星巴克优选的慈善项目中，这包括救助难民、退伍军人、军人家属和青少年，消除饥饿，保护环境，赈灾。

由于星巴克基金给社群之光提供经费，该计划中的所有工作都记入"工时"。星巴克希望最终能扩大该计划。不管他们能否做到，我们都应该注意到，社群之光是星巴克不断积极推进的社区投资计划的一部分。星巴克的社区服务项目不仅停留在口头，他们做出选择并采取了行动。他们正在打造一个能长久流传的责任制。

星巴克的选择值得瞩目和赞许的原因至少有三个。

第一，有人声称他们纠正在费城的错误只是一种短期的、挽回面子的策略。星巴克用他们的选择有力地反驳了这种论调。

第二，该计划为其他渴望留住和培养优秀员工的公司提供了范例。公司的社会价值毕竟是对外部世界的承诺，因此它也是一个招聘和留住员工的强大工具。人们喜欢为这样的公司工作，因为人们也希望在这方面有所作为，如果公司的社会价值正好反映了他们的个人价值，他们更有可能留下来。按照星巴克全球社会影响副总裁、星巴克基金会执行理事弗吉尼娅·坦彭尼（Virginia Tenpenny）的说法，优秀的员工"参与进来，觉得这件事与他们有关系，就会在星巴克待得更久"。我认为她说的完全正确。这也是负责任的领导**常常奉献**的原因之一。回馈是吸引和留住顶尖人才的好方法！这当然不是**唯一**的原因，但不论是什么公司，忽视这个原因的领导都是不聪明的。

> **责任原则 48：**
> 负责任的领导常常奉献。

第三，请注意，这种对社区的承诺与星巴克对员工成长和发展的持续承诺是同步展开的——帮助他们成为最好的自己（第一个承诺）。这是每个人的胜利。

以上就是星巴克正在做的事情。如果你也是领导，我有个问题问你：你的公司正在采取什么行动来履行在社会价值方面的承诺？作为回馈，你在奉献什么？你的个人价值对你参与和支持社区的方式产生了什么影响？我说的不是墙上的标语。体现公司社会价值的选择和行动的具体证据在哪里？你的团队里最出色的成员想知道答案！

第三十章　负责任的人会为社区挺身而出

如果你不是领导怎么办？如果你只是一个尝试理解这个世界的人呢？如果你不是特别想在工作中或其他地方领导一个团队呢？

责任制度依然适用于你。原因在这里。

说到底，我们都想度过有意义的人生。一个为了什么而活的人生，一个有目标的人生。我们如何发现这个意义和目标呢？作为人类，我们会在服务别人、与人交往、理解和帮助他人的过程中有所发现。我们这个群体就是这样维系并运转起来的。

如果你怀疑这一点，停下来思考一下法律对人施加的最严厉的惩罚是什么。好比说在戒备最森严的监狱里，你会受到的最严酷的刑罚是什么？答案是：单独拘禁。

你被判处的最糟糕的惩罚措施是**与别人的联系被切断**。根据联合国人权标准对犯人待遇的规定，单独拘禁超过 15 天被认为是违反国际法。为什么？因为这个程度的隔离算是虐待（注意，联合国反而**允许**死刑）。这很清楚地说明：我们注定要与人交往。我们是为社区生活而设计的。不能维系与世界的联系，没有做出社区一分子应有的贡献的时候，就会受苦，我们不需要进监狱也能明白这一点。

我们似乎生活在一个永远缺少时间的时代，我们不停地和时间赛跑，试图做完更多的事情。也许我们正在为了养家糊口努力，也许两个人都在为了养家糊口努力。也许家里有年幼的孩子，这可能意味着，我们不仅要花费大量的时间和精力赚足够的钱，保障家庭所需的种种支出，还要花费大量的时间和精力参加孩子的各种重要活动：足球比赛、体操课、与小伙伴郊游——你自己一一列举吧。要做的事情有很多，但追赶这一切是要冒风险的。其中的挑战在于我们会变得有点自私。可能会忘记后退一步说："嘿，需要帮助的人有很多，我应该拿出这些与别人分享。"

现实是这样的：每当我们帮助自己不认识的人，我们也是在帮助自己。不去帮助其他人也是在最有价值的事情上做出妥协，这是一件可悲的事情。

犹他州菲什莱克森林公园里有地表最大的生命体，但是它第一眼看起来不像是单一生物体。这片独木成林的美洲颤杨（quaking aspen）名字叫 Pando，是拉丁语"开枝散叶"的意思。这上千株杨树共用根系，基因序列也相同。它们覆盖这片土地无数年月，可能有 100 万年了。它们连接在一起成为一体。如果你第一次进入这片无比广袤的杨树林，可能以为自己看见的是上千株不同的树，但是你看见的是**单一生物体**。只不过它此刻正受到威胁，需要巨资维护和保持。

一荣俱荣，
一损俱损。

我认为这一点和人类很像。一方面，我们每个人都是其中的一株，看似独特，但是这不是全貌。实际上，我们都是联系在一起的。我们是一个共同体，一荣俱荣，一损俱损。

所以，如果你有机会支持提高自己社区的地产税，改善孩子们的教育设施，走进投票站的时候你会怎么做？如果你没有小孩，会不会狭隘地认为，这样提高税率不会给自己带来一分钱好处？如果是这样，你做出的不是负责任的选择。你的行为与参与帮扶社区的价值不一致，反而会拖累社区。

我选择这个例子，是因为它极为常见。我看过身边数不清的人就是这样拖累社区的。他们用各种说法表达这个观点（或者就是用同样的话说出来），他们自己的孩子已经长大，开始独立生活，没有必要改善社区教育系统的办学条件。这些人犯的错误是以短期的成本衡量投资：我要交的税是多了还是少了？有没有直接受益或者增加支出？这种方法有两个弊病。

第一，社区成员不仅受益于孩子所就读的学校，还受益于平整的道路、有效的交通灯、定期回收垃圾、充足的警力和消防员等。其中一些投资是有针对性的，为特定的人提供了直接、明显的好处，有些投资是为整个社区带来长期利益，还有一些是兼而有之。但它们都是社区生活的重要维度。如果只根据个人在未来一年能否从中获得直接收益来评估每项投资，随着时间的推移，我们很快就会发现这种提振社区的方式是不公平、不可持续的！

第二，我们不能仅衡量投资产生的成本，我们还必须考虑到不投资付出的代价。如果我们退缩说，"升级学校设施的成本太高"，那我们必须问一问自己，不升级设施会损失多少钱。缺乏维护、运转不良的学校必然会对社会产生一系列负面影响。当房产贬值的时候，所有的人都受影响；当开始工作的年轻人无力面对不断变化的经济需求的时候，所有的人都受影响；当犯罪率上升的时候，所有的人都受影响。

假装不受这些事情的影响，就是用"我"心态掩盖社区的发展所需要"我们"的心态；假装不受这些事情的影响，给后人留下的是贪婪、拒绝和自欺欺人。另外，承认有比短期问题（"要交的税是多了还是少了"之类）更严重的事情，就是承认"我们"的前景很重要。承认了这一点，我们不仅愿意缴纳必要的税款，而是愿意把我们的注意力、时间和心智投入真正有长远影响的事情上。这才是打造长久流传的责任制的意义——能在重要的事情上不断产生积极的影响。是的，你的银行账户中一分钱都没有，也可以这样做。

就像犹他州的杨树一样，不论我们是否意识到了，我们都是联系在一起的。就像犹他州的杨树一样，我们的共同生存取决于保持联系的能力和彼此滋养、彼此帮助的能力。

责任原则 49：
不论我们是否意识到了，我们都是联系在一起的。

第三十一章　责任制度长久流传的三个标准

　　拉尔夫·沃尔多·爱默生曾说过："你的一生只要能让一个人生活得更轻松——这就是成功。"他要表达的，也是你在读到这句话的时候，内心的声音正在对你讲的：**付出**。寻找做出改变的机会，想办法改善他人的生活。当你寻找机会时，不要局限在自己身边的人。开阔视野，寻找新认识的人，为他们提供服务；寻找新情况，用你的承诺带去帮助。不要误以为你只能付出此刻拥有的东西。如果你的付出是真实的，那就一定会流传下去，并且真正改变他人的生活。这时也会有令人惊奇的事情发生：**即使需要付出的东西是你没有的，这个东西也会出现**。如果你做出承诺，如果你找到了应该付出时间、努力、注意力和（钱和其他）资源的地方，如果你的付出是一个认真的计划，倡议为后人留下美好的东西，**这个付出一定会实现**。你将留下长久流传的责任制。

不要害怕志向高远。如果你试图去做的事情比自身更伟大，那是好的。这样它必将启发别人，这样你才能为愿意帮助你的人创造环境，让他们以各种方式把你想呈现的美好事物提供给你。这也是承诺"这取决于我们"的美好之处。当你公开并充满热诚地把别人都认为需要解决的问题或挑战与这个承诺联系起来时，你必然会发现，他人也被你的理想吸引，也会做好准备帮助你实现它！在这个过程中，你在人际关系上的投入是大而有效的。

我们往往在承诺"这取决于我们"的时候，才会发现这种承诺具有感染力。其他人则采取行动，希望效仿我们的承诺。这是领导要牢记的一个特别重要的问题。"这取决于我们"再次强调了责任离不开人际关系。如果身为领导的你与团队中某个人之间没有良好的关系，那么你别指望此人接受责任。因为你也没有表现出负责任！再说一次：没有关系就没有责任。

反过来，如果你自己努力按照"这取决于我们"的承诺做事，亲自给下属做出示范，并确保与团队中的每个人都有这样的关系，往往会有令人惊奇的事情发生。不论一个人在团队中是什么角色，都会接受"这取决于我们"，**都会成为对其他成员负责任的人**。关键是：在责任中承诺"这取决于我们"的最好方法，是满怀激情地向人们提出你的目标和理想，然后启发他人也认同。

这里还有一个真实的故事与这种理想有关，这个故事完全反映了关系的重要性。英国布里斯托尔大学的学生曾发起过一场募捐活动。他们想资助受人爱戴的工友赫尔曼·戈登去度假，他在大学工作快十年了都没有休过假。他们在网上发布了这个想法，很快就得到了广泛的响应。活动的目标金额很快就筹集完成了。来自牙买加的戈登得到了一个装满现金的信封——大约 1500 英镑（约合 2000 美元），还有一封信，内容如下：

> 我们代表布里斯托尔大学的全体学生，感谢你这些年带给我们的正能量。有你的日子里，我们充满快乐。我们一起准备了这个特殊的礼物，希望表达对你的爱和感激。也以此来说声谢谢你。祝你度过一个快乐的夏天！

我喜爱结局美好的故事，而且这样的故事我们从不嫌多。这个故事正符合要求。戈登和妻子先是在金斯顿休养了一周，然后去牙买加看望了多年未见的家人。事后这些大学生与他的关系更好了，连这些学生之间的关系也更好了。

发生在戈登身上的事情，就是用行动履行个人责任中的承诺"这取决于我们"。那些学生做的正是这件事：他们用行动证明，他们做出了"这取决于我们"的承诺。

那些大学生认为赫尔曼·戈登应该知道他们是多么感激他所做的一切，他们执行了自己的决定。他们明确了这个理想，成就了这件美好的事，也为别人树立了一个很好的榜样。当新闻媒体开始报道这个故事的时候，全世界都见识了明确理想和采取行动的力量，而且都见证了学生们的理想是被认可的，甚至在未来几年里，这个故事都会启发很多人！这是一个长久流传的责任制。

稍后，我会给你讲另一个了不起的人的真实故事，他经由经营业务做到了类似的事，对自己的责任（个人责任），对员工、合作伙伴和利益相关者的责任（工作中的责任），以及世界范围内的责任（人类社会的责任）产生长久的影响。

和资助戈登度假的学生类似，这个人善于提出真正重要的理想，善于启发别人，也善于做有益于理想的事情。换句话说，他是个领导。在读这个故事之前我希望你明白，并非只有公司领导才能做这样的事。只要愿意投身于重要的理想和对理想有益的关系中，满足三个具体的衡量标准，每个人都可以建立长久流传的责任制度。这三个标准是：

导向性：长久流传的责任制度必须设立与个人和公司价值一致的具体目标（可以有多个目标）。你必须从这些目标出发提出倡议，也可以说是宣传教育。你必须激励其他人从这些目标出发提出倡议。

广泛性：你打造的长久流传的责任制度必须惠及自己不认识的人，不能只对你自己和熟人有利。也不是说只能让那些你不认识的人从中获益，但是必须能让与你个人没有交集的某些社区直接得到好处。

公正性：长久流传的责任制度在管理上必须公平，绝不能按照刻板印象、不同标准或肤浅的假设区别待人。

现在你明白责任制度能长久流传的标准是什么了，我们看一看来自得克萨斯州拉伯克县的贾尔·赞特（Cal Zant）的故事。我认为他和他所经营的贝坦博夫住宅公司（Betenbough Homes）继承并且引以为荣的就是这样一个责任制。你同意我的看法吗？

责任原则 50:
责任制能长久流传的标准是导向性、广泛性和公正性。

第三十二章　"这家公司的文化是首屈一指的！"

　　有个很热门的网站叫玻璃门招聘（Glassdoor），任何在职员工和离职员工都可以在这里匿名对公司和领导做出评价。只要搜索一下"贝坦博夫住宅"，你就会看到一串长长的好评，这些人不仅喜欢这家得克萨斯州的建筑公司，而且几乎没有想过在其他地方工作。其中有人留言说："这家公司的文化是首屈一指的！"另一条写道："真正关心员工的公司文化令人惊讶。"在我接触了这家得克萨斯州首屈一指的平价住宅建筑商，与其总裁贾尔·赞特探讨了这家公司的使命、价值和经营活动之后，再看到这种好评就一点也不惊讶了。因为领导者决定围绕理想建立和发展业务，员工也对这个理想充满热情，这些好评是自然的结果。

　　贝坦博夫住宅公司取得巨大成功的故事背后，离不开他们精心挑选、坚持不懈地维护的四个核心价值。领导也

做出强大、持久的承诺,要在追求公司使命的时候用这些
核心价值指导每一位员工。这家公司的核心价值是:团结、
卓越、慷慨和成长。我们在这本书中花了很多时间讨论公
司价值。我希望你可以立即注意到这件事,那就是贝坦博
夫住宅公司在管理上不仅明确界定了公司的价值,而且公
司上下每天都努力按照这些价值做事。我与贾尔·赞特进
行了几次对话之后了解到,这一切始于公司最高层做出的
承诺。

这家公司不是赞特创建的。他是在 2016 年从罗恩·贝
坦博夫和里克·贝坦博夫手中接任总裁一职的。1992 年,
贝坦博夫兄弟联手在拉伯克地区建造了 11 套住房,同时提
出了"提供无与伦比的个人购房体验"的崇高目标。25 年
过去了,贝坦博夫住宅公司在这个竞争激烈的行业保持着
惊人的增长纪录,这肯定是令竞争对手们羡慕的成功轨迹。
毫无意外,他们的员工队伍也充满激情,致力于"建设优
质住宅,尽己所能服务身边每一个人,并以这种方式为每
个社区带去积极的影响,使其变得更美好"。一个令人匪
夷所思的问题是:他们是如何招募到这些员工的?

答案就是:他们只招募已经完全认可公司价值且全力
投身于公司使命的人。是的——我知道很多公司说他们也
是这样做的。但是只有这家公司确实做到了。2016 年,贝
坦博夫住宅公司进行了 1500 次面试,每次面试都长达一

小时。每次面试之前，公司领导都需要花相当长的时间准备。面试最终录用了 72 人。所以我说这家公司十分注重把不认同公司价值的人筛选出去，这话是可信的。以下是这家公司的四个核心价值的具体含义：

团结

我们不断追求成为一个团结、健康的团队。如果在言语和行动上没有一致性，那么我们认为言与行就是不一致的，也是不受欢迎的。团结需要谦卑，我们与别人打交道的过程中表现出的耐心、理解、温柔和亲切就体现了这一点。团结并不意味着统一，而是接纳指向共同目标的多样性。

卓越

虽然这是一个在市场上被过度使用的流行词语，但不幸的是，真正卓越的组织却少之又少。卓越不能与完美混淆，它是指凭借我们的天赋和能力做到最好。凡事能不努力，就不努力，只会带来平庸的表现，但真正超越职责要求需要有意识地努力。

慷慨

我们相信一个人蒙福是为了祝福别人。我们成为资源的管家不单单是为了自己的好处,也是为了他人的利益。我们得到的东西不属于自己,所以我们心怀感激地接受,也心怀感激地分享。同时思索如何善于管理这些资源,为大多数人谋求最大的福祉。我们追求乐善好施的心志,避免小气的思想和品格。我们会刻意与别人分享我们的时间、才能和财富。

成长

人生是一趟旅程。我们接受这一事实,从经验中学习并努力寻求进步和成熟。随着形势的变化,我们将尝试新的思路和方法,努力不断提高,并完善目前存在的一切可用之物。这需要灵活性,也必须愿意去适应。我们尽心管理委派给我们的一切,也希望可以扩大治理的范畴。

你注意到了吗?这四个价值恰好符合我前面讲过的四种类型:基础价值、人际价值、职业价值、社会价值。

这些价值就是求职者的路线图。它们清楚地描述了在这家公司工作需要的品质，准确地解释了你必须成为什么样的人。看看他们对公司价值的阐明多么清晰、多么令人信服！想象一下，如果你的团队理解并接受公司价值，始终采取有益的行动，那么身为领导的你能够取得什么成就。这是每个领导的心愿，而贾尔把它变成了现实。我采访贾尔的时候，他告诉我："我们招聘员工，首先考虑公司价值，其次才是技能。当然不是每次，但是大多数时候，不论具体的岗位需要什么技能，你都可以通过对人进行培训实现。但是公司价值不是培训出来的。参加面试的人要么符合公司价值，要么不符合。"他们雇用的人中有 80% 来自建筑行业以外。

我们回头看一下那 1500 次面试和 72 个被录用的人。按比例算，每 20 多个参加面试的人里才有一个被录用的。我们停下来，结合上面贾尔对招聘理念的概述，考虑这种严格的招聘过程的结果。除非完全认同公司价值和使命，否则**绝对**没有人能出现在这家公司的员工名单上。拥有这样的员工团队的公司能成就令人难以置信的事情——贝坦博夫住宅公司做到了！顺便请你注意，这家公司所在的行业失业率基本为零，但是他们每次公开招聘都有 40 到 100 个求职者。

我提到过，之所以贝坦博夫住宅公司的员工热情地做出承诺，有一个重要原因是团队感觉参与了一个理想——一件比自身更伟大的事情。我们现在应该花点时间，深入地审视能激发这种承诺的公司使命。这家公司的使命是我在企业界见过的最鼓舞人心的使命，其内容如下：

> 只要愿意全心全意地参与公司的使命，我们愿意接受对方真实的样子。我们将公司的使命概括为以下三个词：**建筑、服务、影响**。
>
> **建筑**：我们是建筑公司，我们从事的就是建筑工作。我们的热诚所在就是收集资源，加上一些理想和管理，在勤奋和努力中挥洒汗水，创造以前不存在的东西。我们也是探险家，有时甚至是先驱者。因为我们经常冒险进入未知的领域。创造新事物需要信心和勇气，我们相信自己在这两方面都已经蒙受祝福。我们无论手中做的是什么，都努力追求卓越。这一点展示在我们兴建的住房和社区上，因为我们让家庭以正常价格拥有住房的努力从不妥协。
>
> **服务**：在整个房屋建设的过程中，我们会接触许多不同的市场参与者。从贸易伙伴到购房者，有采购商，也有供应商，我们有机会接触成千上万的人！我们从不认为这是理所当然的，因此会珍视每一个成为好管家的机会。我们的目标是给我们接触到的每一位提供美好和充实的体验。在

贝坦博夫住宅公司，我们希望别人怎么对待自己，就会努力怎样对待别人，把他们的需要和利益放在自己之前。我们也祈求别人会因为与我们公司的关系而蒙福。

影响：我们希望能让这个世界不一样，因为这个世界需要人性的光辉，而且这个需要比以往任何时候都更加明显、更加广泛。参与比自身更伟大的事物的渴望在这一代人中很常见。为了找到人生的意义，我们不能忽视自己是如何度过在工作中的时光。按照逻辑，不在乎生命意义的人，他的人生也不会有什么意义。**但是贝坦博夫住宅公司是一群因为共同信念团结在一起的人，我们相信可以有激情、有目的地度过工作中的时光，而且能给这个世界带去重大而持久的影响。**

哇！（我看过很多公司使命）有三个重要的东西让这个使命宣言远超过其他的，请允许我一一指出。首先，请注意宣言的最后一句话——我加粗的部分。这句话点明了"给这个世界带去重大而持久的影响"的目标。也就是说，公司已经把长久流传的责任制度包含在**公司目标**里了。这就是**导向性**。现在，你可能会问："我们怎么知道这实际上是不是贝坦博夫住宅公司的优先事项？我们怎么知道，这是真正的倡议还是空话？我们怎么知道他们会不会说到做到？"这是好问题。答案就是：贝坦博夫住宅公司会派遣员工执行志愿者任务，帮助印度、非洲、南美洲和加勒比海地区的高危儿童和家庭。公司会为第一次执行这个任务的人支付全部费用。他们不仅为雇员支付费用，还支付其配偶和子女的费用。如果员工是单身，可以带一个朋友一起去。许多员工确实执行了这些任务，也包括贾尔·赞特，这毫不奇怪。我还能举出很多证据，证明公司使命中包含了承诺打造长久流传的责任制，也证明公司采取各种行动履行这一承诺。我等一会儿再讲。不过在此之前，我想先提醒你，注意这家公司的使命宣言中的第二个惊人的地方。

这个使命宣言强调"珍视每一个成为好管家的机会"，直接而有力地指向了**公正性**的标准——忠实地、公平地对待责任牵涉的每一个人。在与贾尔进行了几次长时间的讨论后，最令我印象深刻的是他的公司完全做到了这一点，团队的每个成员也都努力公平地对待业务涉及的每一个人。两个最直观的例子就是房主（其中许多是第一次买房的人），可以花 4 万美元从贝坦博夫住宅公司买一座房子，这个价格低于得克萨斯州的市场价。这是一个刻意的选择，一个旨在使居者有其屋的选择。贾尔告诉我："即便对方可以承担更高价钱，但你不一定非要这么做。到了这一步我们会问自己，'什么时候有足够的利润？'你什么时候可以说，'赚够了。这个利润率很公平。我们让利给房主以维持公正吧？'大多数商人从不问自己这个问题。"他们的确不问！我敢大胆地说，贝坦博夫住宅公司的大多数竞争对手从不这样问自己，从不思考如何可以使承包商的经济负担小一点。但贝坦博夫住宅公司已经这样做了。他们有很多帮扶承包商的措施，比如，设计施工方案时会给承包商合理的工期间隔，保证他们全年开工（不同于没有需求就会停工的计划）；联合支付最低薪资，帮助成长型公司按时支付工资；长期提供非正式商业培训和指导；甚至偶尔给他们口中的"贸易伙伴"提供无息商业贷款，让承包商购买基本设备！如果这些不算公正，就没有公正了。

最后是第三点，鉴于这家公司位于美国的圣经带（American Bible Belt），其中的许多员工也参与信仰活动，公司本身也旗帜鲜明地开展了一个具体的活动，作为其长期推动的影响力，你可能会怀疑，贾尔·赞特和这家公司的其他领导是不是也公开自身的信仰，从不忌讳这方面的讨论。那你猜对了。他们认为，他们自己身为领导的使命是在工作中向别人展现爱。但请注意，贝坦博夫住宅公司的使命宣言从没有说只服务有共同信仰的人。公司使命的第一句就强调公司愿意"接受对方真实的样子"，只要是公司员工，并且全心全意地参与**建筑、服务、影响**的使命就行。（没等我问）贾尔·赞特告诉我："我们确信在这里工作的人不是每个都有信仰，但是他们每个都是最好的雇员。这是毫无疑问的。我认为不论是有信仰的人，还是没有信仰的人，在这里都能取得成功。"这凸显了责任制度能长久流传的另一个标准——**广泛性**。

　　我提到有很多额外的证据，证明贝坦博夫住宅公司承诺"给这个世界带去重大而持久的影响"。在这里再分享几个例子（在分享这些事例之前，我或许应该提醒你，这里的材料足够我再写一本案例研究的书，并专门介绍该公司在建立和维持责任制度文化方面的各种精彩方法了）。

　　贝坦博夫住宅公司的员工确实将彼此视为一个大家庭的成员，我相信这一强大而美好的效果只能归因于创造和维持了责任制度的企业文化。贾尔告诉我，有一个刚刚入职不久的员工，他的孩子必须接受大手术并要在医院住很长一段时间。尽管许多人还没来得及在工作中认识他，还是有几十名同事自愿来到医院探望这家人！他们给他的家人带来了食物，甚至帮他们洗衣服。如果没有人组织，还有哪一家公司的新员工会受到这种关注？

　　这家公司的责任制的另一个美好效果，是一种细微但不能忽视的感觉，即在这里工作会让员工潜移默化地成为一个更好的人。我从玻璃门上的一些评论里，还有与贾尔的对话中都了解到了这一点。"这里也改变了我"，他告诉我，"这份工作让我成为一个更好的丈夫、更好的父亲。不只是我，别人也有很多这样的故事。有人从非洲回来领养了一个孩子。有人挽救了婚姻，避免了离异。这里改善了人们的生活。这样评价一个企业听起来可能很荒谬，但这是真的。"

贾尔加入贝坦博夫住宅公司的时候是在信息技术部门工作。里克·贝坦博夫看出了贾尔的潜力，带领他把这一潜力发挥出来了。贾尔最终成为公司的总裁。伟大的领导者就是这样做的。现在贾尔也在他的下属身上重复做同样的事。这就是涟漪效应的第二环的力量！

最后我要指出，有很多公司在谈论对客户和员工产生美好的作用，让他们的生活不再一样。但贝坦博夫住宅公司比他们走得更远，因为是在用行动支持这些话语。贝坦博夫住宅公司将对待客户"多一点亲情少一点财利"的强大理念与员工福利的持股计划相结合（不仅是高级领导，许多已经退休的老员工也成了百万富翁）。这种经营方式看重的不是短期收益，而是长远的使命。这种方法不仅使客户和员工这一对关键群体都感到满意，而且还以善待客户和员工的形式，为应对本地或国家经济的衰退提供了重要的保护措施。经济良好时所有公司都能赚钱，但像贝坦博夫住宅公司这样拥有真正负责任的企业文化的公司，在任何经济状况下都表现良好。这才是核心竞争优势！

对于公司领导来说，面对的选择很直截了当。你是在建立一个人们来打卡上班的地方，还是想建立一个用"给世界带去持久影响"的使命激发人们热心工作的地方？第一种公司的季度业绩可能很好看，但五年后可能就不存在了；第二种公司是为了责任制能长久流传而建立的，这样才能走得长远。

责任原则 51：
围绕着能长久流传的责任制建立你的公司，这样才能走得
长远。

第三十三章　爱心

　　我猜想，听完贝坦博夫住宅公司的故事，有人心里可能会想："嗯，他们做得非常好。听起来在这家公司工作好像很棒。但我不是一家公司的总裁，也不在这样的公司工作。我只身一人如何打造长久流传的责任制？"

　　如果你是这么想的，哪怕只是一闪而过的想法，请允许我介绍一下乔治·洛夫（George Love）。洛夫先生是北圣路易斯瓦森高中的清洁工。他每年的税前收入是 2.3 万美元。2018 年，他用自己的积蓄在瓦森高中设立了 4 个500 美元的奖学金，亲自从毕业班挑选出获奖学生，并因此登上新闻头条。

　　消息一经传出，他的捐赠就得到了相当多的关注。他是如何面对自己获得的名气呢？他把它投入了自己的事业。他发现自己提出的理想有可能激励别人，于是宣布了

2019 年的筹款目标。他告诉所有的人，这一次他想把发放的奖金总额从 2000 美元提高到 1 万美元。

消息再一次传开，这次很多人也掏出了钱包。洛夫先生的目标不仅实现了，而且是超额完成的。截止到本书付梓之前，他从圣路易斯 11 所高中精心挑选学生，总共向他们发放了 2 万美元的奖学金。获奖者的标准是什么？洛夫选择的毕业生都"展现出了课堂学习带来的提高和对社区的承诺"。

当地新闻频道的一位记者请他解释设立这个奖学金的动机，乔治·洛夫说：

> 这是我们的心愿。这件事情是我和妻子一直想要做的。我们发自内心想要奉献。至于那些后来加入这项善举的人，说明了这个世界仍然有很多有爱心的人士。你不必在成为博士或者百万富翁后再做慈善家。一个年薪 2.3 万美元的清洁工也可以做慈善。但你必须有一颗同情的心并充满爱。

因此，如果你问一个没有多少钱的人凭个人理想打造的责任制度是什么样子，现在就知道了。你真正需要的只是爱心。

责任原则 52：
你真正需要的只是爱心。

后　记

　　我几年前去新加坡和马来西亚访问的时候有两个身份。我当时担任美国演说家协会（NSA）的主席，负责与其他国家的这类组织对接，另外我还与一些企业客户有业务往来。在我抵达新加坡，刚要入住酒店的时候，好友斯科特·弗里德曼就登门拜访。他也是职业演说家，曾经担任过美国演说家协会的主席。因为常年在这些地方工作，他希望我不虚此行。

　　斯科特对我说："在你开始明天的议程之前，你有另外一项任务。"

　　我问："是什么？"

　　他说："我在你客房中藏了 52 美元的纸币。你的任务是把它们找出来，奖励给那些做了不凡的事情却没有被注意到的人。”

然后我进入客房，发现斯科特用尽心思把 52 美元钱藏在了 50 个不同的地方。那些钱都是崭新的，他绝对是完美主义者无疑了！

我接受了他的任务。之后在新加坡和马来西亚的一周时间里，每当遇到行不凡之事、给我带来便利、让我感到开心的人，我都会奖励对方 2 美元。每次我都会身体略微前倾、双手递送，好像在送出礼物。这些地区的人都是这样递名片和信用卡，因为他们认为物品也承载了主人的身份，用同样的方式接受才合乎礼数，我也遵从了当地的风俗。我把钱给了酒店服务生、出租车司机，还有在我迷路时为我指明方向的人，基本上就是每一个对我友善、为我提供便利的人。其中有一个在露天集市上卖头巾的人，我经过一番激烈的讨价还价之后，从对方手里给勒妮买了两条围巾。每条围巾只要 3 美元，但是最后我给的小费是 2 美元！

我每次送出纸币的时候都会说一句话：“2 美元幸运币。”

我很快就发现这个小仪式的不同之处，因为我奖励的其实不仅是优质的服务，而是能让我的生活变得不一样的事情。在旅途结束之前，我告诉斯科特任务完成了，我已经把他藏在客房犄角旮旯里的钱都给出去了。我还感谢他能想出这样的点子。他听到我完成了任务很开心。

我在踏上归程之前需要把手里的新加坡元换成美元，于是找到了一个换汇的柜台。我把钱掏出来递了进去，里面一位穿制服的男士把钱数了两遍。然后他按照汇率在计算器上敲打一番，最后把结果指给我看。我点头确认之后，他从抽屉里拿出美元。

我可以拿到 357 美元。柜台里的人递出的纸币依次是：三张 100 美元、两张 20 美元，10 美元和 5 美元各一张，然后停了一下，递出一张崭新的 2 美元。

我不可思议地盯着这些钱。因为我还从来没有在美国本土以外的地方见过 2 美元纸币。我拿起那张 2 美元，翻过来调过去反复检查，然后又放了回去。

那人一定看出我很惊讶，以为我怀疑美元没有这个面额。他说："是真的！"

我点头说："我知道。"我想要解释为什么会感到如此惊讶，我想要告诉他过去一周送出的 52 美元的事，但是不知从何说起。

那人笑了一下，指着柜台上的钱，说出了我重复了一周的话："2 美元幸运币。"

那一刻我整个人都被点亮了！我们如何看待别人、如何对待别人，我们所做的事、产生的影响，都会让这个世界完全不一样。

我给你讲这个故事，因为我相信责任制就像我从柜台收回的 2 美元幸运币一样。如果我们展现责任制，它会用意想不到的方式回馈我们。责任制让我们的人生更加丰盛。帮助我们奖励非凡之事，成就非凡之举。

你可以把书中的 52 个责任原则想象成我藏在你客房中的定制版 2 美元幸运币。为了方便你检索，我把它们罗列在附录里了。你的任务和斯科特给我的一样：（你自己选择在一周或者一年的时间里）发现并运用它们，然后找机会传递给别人。付出是第一步。你真的会收到惊喜！

我以营造更负责任的世界为使命。

附录

52 个责任原则

　　人生意义的秘诀在于营造负责任的人际关系，负责任的人际关系的奥秘在于我们自己的选择和承诺。

承诺1：　承诺探索和发掘自己的潜力，也如此帮助别人

承诺2：　承诺真实

承诺3：　承诺最有价值的事

承诺4：　承诺"这取决于我们"

承诺5：　承诺如同对待机遇和成功一样对待错误与失败

承诺6：　承诺遵循健全的财务原则

承诺7：　承诺创建安全环境

承诺8：　承诺"言出必行"

承诺9：　承诺在最黑暗的时刻依然坚强站立

承诺10：　承诺好名声

责任原则 1： 我们只能给予我们所拥有的。

责任原则 2： 我们如何对他人（包括自己）做出承诺，如何与他人互动，总是取决于我们如何看待他人。

责任原则 3： 如果个人层面没有责任，面对他人也不会有责任。

责任原则 4： 真正的责任不是"要求他人负责"。你无法强令他人接受责任，只能通过自己负责任地生活，激发他人内心的责任感。

责任原则 5： 如果你是为他人的事负责，你的某些利益一定处于这个人的职权之下，这个人对你的生活有深层次的影响。如果你为一个人负责，对方的某些利益一定处于你的职权之下，你对他们的生活会有深层次的影响。你既要担任财物的管理者，又要捍卫对方的各种利益，才能体现出重视长久的情谊。

责任原则 6： 如果你不相信，就一定不会采取行动。

责任原则 7： 责任的十个承诺相互交织、彼此支撑。负责任的人不会跳过或者弱化其中任何一个。

责任原则 8： 只有你尽力做最好的自己，才有可能激发他人潜力，也才能期待他人做到最好。

责任原则 9： 借口是挡在个人成长和发展之路上的谎

言，你先向自己兜售谎言，然后再推销给别人。

责任原则 10：你之所以会做出承诺，是因为这是你的信念，因为你是这样的人，也因为不论如何你都会如此行事。

责任原则 11：承诺真实意味着，一边审视自己，一边反省自己不诚实的地方，也意味着承认我们可能会对自己说谎。

责任原则 12：要是你问他人，"这个价值观在公司的哪个地方体现出来？"那么，你必须首先问自己，你的价值观在生活的哪个地方体现出来。

责任原则 13：承诺"这取决于我们"的同时，我们要荣辱共担，除非你成功，否则我也没有成功，但是如果你失败了，我也就失败了。

责任原则 14：发现缺点，不是强迫你为了过去的错误责备自己。

责任原则 15：与他人相处的时候，你对自己错误和短处的坦诚，会让你获得信任。缺少这样的透明往往会破坏信任。

责任原则 16：对金钱负责任的人会不断问自己：这项投资真的合理吗？

责任原则 17：量入为出。

责任原则 18：你允许自己的环境里存在什么，就是在纵容什么。

责任原则 19：除非与你的一言一行相称，否则就不是真的信念。

责任原则 20：即便是在最黑暗的时刻，你依然可以主导生活，而不是接受后果。

责任原则 21：留下你引以为傲的遗产是最高层次的成就，因为这样可以激励他人做同样的事。

责任原则 22：只要谨守负责任的十个承诺并且在生活中践行，就算你不是名义上的领导，也能发挥出领导的实际作用。

责任原则 23：负责任的团队成员会分享信息、心得，并且以行动支持整个团队，帮助团队里的其他人。

责任原则 24：负责任的领导不只努力自我成长，他们还努力帮助培养周围的人。

责任原则 25：负责任的领导帮助别人界定真正有能力达到的成就。

责任原则 26：如果你对他人的了解太少，还不足以讨论人生的目标和理想，你也不可能帮助对方成为最好的自己。

责任原则 27：谎言和责任永远不会共存。

责任原则 28：用你的公司价值判断标准回答一个问题："这家公司如何做事？"

责任原则 29：不按照公司价值工作的人不能留下。

责任原则 30：我们一路同行，一起走向成功，一起经历失败。

责任原则 31：你如果允许他人自己做决定，就意味着允许对方犯错误。请接受这个事实。

责任原则 32：别在责备犯错误的人上浪费时间，也别假装自己从不犯错。吸取教训也要开心，然后关注下一步需要做什么。

责任原则 33：进行最合理的投资——有益于整个公司的投资，不能只是有益于其中任何一个方面。

责任原则 34：如果他人不能提出与领导不同的观点，说明他们没有在安全的环境里工作。

责任原则 35：除非人们看见领导为自己挺身而出，不然不会为了领导挺身而出的。

责任原则 36：流芳百世的名声工程不是等明天再开始的长期项目，而是始于你现在做出的选择和决定。这件事必须从当下就开始！

责任原则 37：唯有领导传讲、捍卫公司价值，主动按照价值宣言做事，它们才能化作每天优先处理的重要事项。

责任原则 38：即使公司整体上不支持负责任的工作氛围，但是若有人立志做负责任的领导，在他的带领下，团队或者工作组依然有责任感。

责任原则 39：有时候问题在于我们迟迟没有解雇员工，但是有时候问题也在于我们迟迟没有另谋高就。

责任原则 40：实际上，领导认为公司擅长做某事，不意味着公司在这方面发挥了最大潜力。

责任原则 41：在负责任的工作氛围里，团队做出的成就会让你大吃一惊。

责任原则 42：在工作中提升责任的唯一方法就是建立负责任的关系。

责任原则 43：如果你真正重视人，重视所有的人，你应该不断想方设法以别人为荣，我说的是所有的人。

责任原则 44：营造负责任的工作氛围固然重要，建立一个负责任的世界却是势在必行的！

责任原则 45：长久流传的责任制会留给后来人——那些你不认识的人——鼓励他们成为负责任的人，并在世上发挥美好的作用。

责任原则 46：我们自己生活中最深刻的意义，正是在于创建一个负责任的世界。

责任原则 47：如果我们不想去理解别人的难处是什么，说明我们不想成为负责任的人。

责任原则 48：负责任的领导常常奉献。

责任原则 49：不论我们是否意识到了，我们都是联系在一起的。

责任原则 50：责任制能长久流传的标准是导向性、广泛性和公正性。

责任原则 51：围绕着能长久流传的责任制建立你的公司，这样才能走得长远。

责任原则 52：你真正需要的只是爱心。